혼자서 원서 읽기가 되는
영어 그림책 공부법

혼자서
원서 읽기가 되는

영어 그림책
공부법

정정혜 지음

북하우스

프롤로그

읽기 독립으로 가는 가장 확실한 문, 영어 그림책

저는 1998년부터 아이들에게 영어 그림책으로 영어를 가르쳐왔습니다. 18개월 아이부터 초등 6학년까지 영어 수업이 가능한 모든 연령의 아이들을 지도했으며, 1대1 수업부터 20명 이상의 아이들을 대상으로 한 수업까지 사교육에서 이루어지는 영어 수업의 형태를 거의 모두 경험해보았습니다. 정말 많은 아이들을 만났는데, 대부분의 아이들이 처음에는 영어가 뭔지도 모르고 엄마 손에 이끌려서 제 수업에 옵니다.

간혹 엄마가 영어책만 펼치면 바로 덮어버리거나, 영어를 사용하면 귀를 막고 도리질을 친다는 아이들을 만나기도 합니다. 이미 영어에 거부감이 생겨버린 아이들은 일반적인 영어 학원에 다니기 힘들기 때문에 영어 그림책 수업에 들어오는 경우가 많거든요. 저는 이런 아이들을 만나면 연령에 관계없이 교실 한구석에 엄마와 함께 따로 자리를 마련하고 그림책 수업을 진행했습니다. 처음에는 수업을 안 들어도 되고, 그냥 엄마랑 교실에 있기만 하는 것으로 약속하고 들어오지요. 하지만 한 달이 지나면서 자꾸 수업을 힐끔거리는 횟수가 늘어납니다. 두 달쯤 지나면 슬그머니 아이들 책상 쪽에 엉덩이를 붙이고 앉습니다. 한 학기인 석 달이 끝날 즈음에는 자기도 모르게 제일 앞에서 그림책을 들여다보고 대답을 하고 있지요. 이런 드라마틱한 변화는 놀랍게도 파닉스나 코스북 수업에서는 볼 수 없었고 오로지 그림책 수업에서만 이끌어낼 수 있었습니다.

영어를 너무 좋아하고 자꾸 글자를 읽고 쓰려고 해서 수업에 들어온 아이도 있습니다. 이런 경우는 부모가 아이에게 영어 그림책을 1년 이상 꾸준히 읽어준 경우가 대부분입니다. 즐겁게 영어 그림책을 읽어주었더니 아이가 많이 읽은 책을 통째로 외워버리거나, 통문자로 단어를 익혀 중간중간 책을 읽기 시작하고, 일상에서 영어 표현을 사용하기도 하고, 외국인을 보면 쫓아가서 말을 걸기도 합니다. 이 또한 영어 그림책 읽기가 가져온 기적이지요.

그림책 읽기를 '세상에서 가장 육체적인 독서'라고 합니다. 아기일 때는 품에 안고 읽어주고, 좀 더 자라면 나란히 어깨를 마주 대고 앉아서 읽기 때문이지요. 이런 신체 접촉 이외에도 그림책은 아이와 어른 사이에 대화의 물꼬를 열어줘서 이야기를 나누며 서로를 더 잘 이해할 수 있게 도와줍니다. 그림책 작가 앤서니 브라운도 "아이와 어떤 대화를 해야 할지 모르겠다면 같이 그림책을 읽어라."라고 말했습니다. 글을 읽는 어른과 그림을 보는 아이가 그 중간 어딘가에서 만나 대화를 나눌 수 있게 하는 매개체, 그것이 바로 그림책입니다.

수많은 연구에 의하면 부모의 학력이나 생활 수준에 상관없이 아이에게 꾸준히 그림책을 읽어주면 그렇지 않은 경우보다 아이의 표현력과 어휘력이 월등하게 신장된다고 합니다. 영어 그림책 역시 마찬가지입니다. 부모의 사랑을 몸으로 느끼고, 서로의 생각을 나누며, 살아 있는 영어를 수려한 그림과 함께 만날 수 있는 가장 완벽한 교재이지요.

다행인 점은 영어 그림책의 독서 효과를 알게 된 사람들이 예전보다는 많아졌다는 것입니다. 최근 몇 년간 저는 영어 그림책에 기반한 엄마표영어스토리텔링 과정, 영어독서지도사 과정을 운영하면서 약 1,500여 명의 엄마표 영어를 진행하는 엄마들과 영어교사를 만나왔습니다. 10회 전후의 연속 강의를 통해 어떻게 영어 그림책을 활용해야 하는지에 대해 지도하고, 수업 내용을 아이들에게 적용해본 경험담을 다시 전달받는 과정을 통해 영어 그림책의 효과를 확인하고 있습니다.

한편으로는 이 과정에서 엄마표 영어를 진행하는 분들이 쉽고 재미있게 갈 수 있는 길을 어렵게 빙빙 둘러서 가고 있음을 알게 되었습니다. 영어 그림책 수업이 영어라는 언어를 배우는 데 매우 탁월한 도구임이 분명하지만, 올바른 영어 그림책 활용을 위해서는 일정 수준의 가이드가 필요하다는 사실을 깨달았지요.

대부분의 부모들은 높은 인지 수준에 비해 영어 실력이 낮은 아이에게 맞는 영어 그림책을 선택하는 데서부터 어려움을 겪습니다. 내용이 유치해서 아이가 안 보려고 하거나, 분명히 짧은 내용인데 해석을 해주어야 할 만큼 어렵다고 느껴지거나, 수상작이며 유명하다고 하는데 어떻게 읽어야 할지 난감하다는 질문을 많이 받습니다. 또, 자신이 읽어주었을 때는 별 반응이 없었는데, 선생님이 알려주신 대로 읽어주었더니 아이가 재미있어하더라는 말도 자주 듣습니다. 지난 20년간 현장에서 아이들에게 영어 그림책을 읽어주며 얻은 노하우를 '아이에게 영어를 가르쳐주고 싶은 부모'들과 나누고 싶은 마음이 드는 것은 저에게는 자연스러운 일이 되었습니다.

저는 이 책에서 영어 그림책을 어떻게 영어 학습에 활용할 것인지에 관하여 '균형 잡힌 문해법' 3단계 이론을 바탕으로 설명했습니다. 이 이론은 1990년부터 지금까지 영어 리터러시 분야에서 가장 광범위하게 사용되고 있는 이론입니다.

1부에서는 영어 그림책과 균형 잡힌 문해법 3단계 이론에 대하여 소개하고, 알파벳도 모르는 아이가 읽기 독립까지 가는 길을 단계별로 정리했습니다.

2부에서는 그 첫 단계인 리드 어라우드 단계에서 주의해야 할 점과, 이 시기에 읽기 좋은 영어 그림책 15권을 소개합니다. 그림책의 특징을 살려 재미있게 책을 읽어주는 법과 학습 효과를 위해 연관도서를 활용하는 방법을 설명했으며, 보다 직접적인 내용 전달을 위해 리드 어라우드 영상을 QR코드로 제시했습니다.

3부에서는 본격적으로 영어 학습에 들어가는 함께 읽기 단계와 영어 그림책 15권을 소개합니다. 한 권을 여러 번에 걸쳐서 읽게 하기 위해 아이가 즐거워하는 다양한 독후 활동 방법을 소개하고, 영어의 소리를 인식하고 문자로 받아들이는 과정에 대해서도 쉽게 설명하고자 했습니다. 또한, 듣기/말하기 훈련법과 읽기와 듣기에 도움이 되는 오디오북에 대해서도 정리했습니다.

4부에서는 혼자서 읽기를 시작하는 아이를 위한 유도적 읽기 단계와 영어 그림책 15권을 소개합니다. 쓰기에 들어가는 아이를 위해 어휘 학습, 내용 이해 스킬, 철자법을 가르치는 방법에 대해 안내했습니다. 또한 영어 그림책과 함께 활용하기에 좋은 영상물 리스트도 소개했습니다.

저도 딸아이를 엄마표 영어로 가르쳤습니다. 그래서 엄마들이 어떤 마음으로 아이의 영어 학습을 바라보는지 누구보다 잘 알고 있습니다. 저 같은 경우에는 내가 가르치는 아이들은 쑥쑥 느는데 우리 아이는 어찌나 안 느는지 애태운 적도 많았지요. '조금 더 해주었어야 했는데'라는 아쉬움, '느긋하게 기다리고 더 많이 사랑해줄걸' 하는 후회, 그리고 '내가 잘못 가르친 것은 아닐까'라는 두려움은 아이가 커서도 계속 제 마음속에 부담으로 남아 있었습니다. 그러다 어느 날 어학원에서 영어 강사로 일하고 있는 딸아이가 그러더군요. "엄마한테 재미있게 배웠는데 나중에 보니 제대로 배운 거였어요. 엄마, 정말 고마워요."라고요. 아이에게 그 말을 들었을 때 느꼈던 안도감이란 큰 돌덩이 하나 치운 것 같았습니다.

꼭 영어 그림책만으로 영어를 배워야 한다고 말하고 싶지는 않습니다. 하지만 어떤 형태로 영어를 배우든, 영어 그림책은 꼭 읽혀서 영어 학습과 재미라는 두 마리 토끼를 잡길 바랍니다. 그렇게 영어 그림책을 읽으며 아이와 이야기를 나누다 보면, 그 시간이 그대로 추억이 되어 아이와 더욱 친밀해지고 어느새 영어를 좋아하며 자라는 아이를 보게 될 것입니다. 제가 다년간의 경험으로 고르고 고른, 절대 실패하지 않는(Failproof) 영어 그림책들을 읽으며 아이와 함께 즐거운 성장을 이루기를 바랍니다.

정정혜

차례

프롤로그 읽기 독립으로 가는 가장 확실한 문, 영어 그림책　　　　　　　　4

1부
영어 그림책, 어떻게 영어 학습에 활용할 것인가

엄마표 영어의 목표, 아이 혼자 원서 읽기	17
왜 영어 그림책인가	21
3단계 읽기 스킬로 영어 실력을 다진다	25
누구나 빠져들 수밖에 없는 그림책의 매력	29
영어가 두려운 아이에게 자신감 키워주는 법	33
※ 보드북? 하드커버? 도대체 무슨 책을 사야 할까?	38

그림책 공부 상담실　　　　　　　　　　　　　　　　　　　　　42
영어 학습에 도움이 되려면, 그림책 한 권을 몇 번 읽히는 게 좋을까요?
제 영어 발음이 안 좋은데, 아이에게 영어 그림책을 읽어줘도 될까요?

2부

1단계, 부모가 소리 내어 읽어주는 리드 어라우드

리드 어라우드, 영어와 친해지는 시간	47
효과적인 리드 어라우드를 위한 준비사항	50
※ 영어 그림책의 읽기 전 활동, 꼭 해야 할까?	54
리드 어라우드 단계에서 읽으면 좋은 그림책	56
『Good Night, Gorilla』, 유머와 반전의 잠자리 동화	58
『How Do You Feel?』, 앤서니 브라운의 감정 그림책	62
『It Looked Like Spilt Milk』, 70년간 사랑받아온 아름다운 그림책	66
『Where Is the Green Sheep?』, 어떤 답을 말해도 정답이 되는 마법	70
『Dot』, 동그라미 하나로 표현하는 세상	74
『Goodnight Moon』, 잠자리 동화의 고전	78
※ 영어에서 라임은 왜 중요할까?	82
『You Are (Not) Small』, 나는 나! 자존감을 키워주는 책	84
『Rhyming Dust Bunnies』, 먼지덩어리들과 신나는 라임 놀이	88
『Pete the Cat I Love My White Shoes』, 쿨한 고양이 피트의 노래	92
『Duck! Rabbit!』, 바람직한 논쟁의 좋은 예	96
『There Was an Old Lady Who Swallowed a Fly』, 세상에! 할머니가 소를 삼켰대!	100
『That Is Not a Good Idea!』, 스릴 넘치는 한 편의 연극을 본 듯한 그림책	104
『Tap the Magic Tree』, 손짓 하나로 만든 아름다운 변화	108
『There Are Cats in This Book』, 고양이와 놀고 싶은 사람 모두 모두 모여라!	112
『Penguin』, 누구도 예상하지 못한 반전	116
마더구스와 영어 학습에 대하여	120
책의 난이도를 알려주는 독서능력 지수	126
※ 영어로 표현하는 동물의 의성어와 의태어	132
그림책 공부 상담실	134

아이에게 영어로 읽어주면 자꾸만 우리말로 알려달라고 해요.
영어 그림책이 어려워서 싫다고 해요. 한글 번역판과 같이 읽어줄까요?

3부

2단계, 부모와 아이가 함께 읽기

반복해서 읽으며 키우는 영어 자신감	141
함께 읽기 단계에서 시작하는 영어 학습	144
함께 읽기 단계에서 읽으면 좋은 그림책	148
『Rosie's Walk』, 전치사 익히기 딱! 좋은 그림책	150
『I'm the Biggest Thing in the Ocean!』, 허세 가득 문어의 비교급 수업	156
『Hippo Has a Hat』, 멋쟁이 동물들의 쇼핑 이야기	160
※ 우리말과 다른 영어의 소리, 두운	164
『Butterfly Butterfly: A Book of Colors』, 아이도 어른도 모두 사로잡은 나비 한 마리	166
『The Chick and the Duckling』, 따라쟁이 병아리의 홀로서기	170
『Bear about Town』, 곰과 함께 일주일 동안 마을 한 바퀴	174
『David Goes to School』, 말썽쟁이 데이비드, 학교에 가다!	180
『My Crayons Talk』, 크레용들이 전하는 마법 같은 이야기	184
『Handa's Surprise』, 아프리카의 과일과 동물을 만나다	188
『Each Peach Pear Plum』, 숨은 그림 찾기를 하면서 마더구스까지!	192
『My Dad』, 나는 세상에서 우리 아빠가 제일 좋아!	196
『Bark, George』, 짖지 못하는 강아지, 조지 이야기	200
『Llama Llama Red Pajama』, 혼자 자기 싫은 아기 라마의 귀여운 난동	204
『A Dragon on the Doorstep』, 우리 집에서 동물들과 숨바꼭질한다면	208
『Little Blue and Little Yellow』, 색종이 두 조각으로 탄생한 그림책의 고전	212
꼭 알고 싶었던 파닉스의 진실	216
읽기에 기본이 되는 사이트 워드 익히기	219
귀가 뚫리고 입이 트이는 듣기/말하기 훈련법	224
※ 읽기와 듣기에 도움이 되는 오디오북 리스트	228
그림책 공부 상담실	233
원어민 선생님과 말하기 연습, 언제가 적기일까요? 영어 쓰기는 언제부터 하는 게 좋을까요?	

4부

3단계, 혼자서 읽기에 도전하는 아이를 위한 유도적 읽기

정독과 다독이 함께 가는 유도적 읽기	239
유도적 읽기 단계에서 읽으면 좋은 그림책	244
『This Is Not My Hat』, 칼데콧상과 케이트그린어웨이상을 동시 수상한 그림책	246
『The Watermelon Seed』, 우걱우걱 후루룩 꿀꺽! 소리까지 맛있는 그림책	250
※ 읽기를 시작하는 아이에게 딱 맞는 가이젤상	254
『Mr. Tiger Goes Wild』, 격식을 벗어던진 호랑이 씨 이야기	256
『Knock Knock Who's There?』, 방문을 두드리는 귀여운 괴물들	260
『Are We There Yet?』, 어드벤처 영화 한 편을 본 듯한 그림책	264
『Hi! Fly Guy』, 파리는 애완동물이 될 수 있을까?	268
『Suddenly!』, 아기 돼지 프레스톤과 늑대의 잘못된 만남	272
『Where the Wild Things Are』, 20세기 최고의 베스트셀러 그림책	276
『The Crocodile Who Didn't Like Water』, 멋지게 재탄생한 현대판 미운 오리 새끼	280
『Pete's a Pizza』, 아이와 온몸으로 피자 놀이 한 판	284
『I Don't Want to Be a Frog』, 나 빼고 다 행복해 보인다면	288
『Mister Seahorse』, 알을 품은 아빠 물고기들	292
『The Gruffalo』, 늑대를 대신할 새로운 괴물의 등장	296
※ 영화가 된 줄리아 도널드슨의 책	300
『Night Monkey Day Monkey』, 유쾌하게 배우는 동의어와 반의어	302
『Interrupting Chicken』, 잠자리 동화가 끝없이 필요한 아기 닭 이야기	306
다독을 위한 리더스와 챕터북 리스트	310
영어 그림 사전 고르는 법	314
영어 동영상과 DVD, 어떻게 활용할까?	319
※ 그림책을 원작으로 한 TV 시리즈와 영화	322
그림책 공부 상담실	**330**
영어 그림책, 어디에서 구할 수 있나요?	
그림책 수상작과 미국 유수 기관의 추천도서는 꼭 읽어줘야 할까요?	
부록 주제별 영어 그림책 추천 리스트	335

1부

영어 그림책, 어떻게 영어 학습에 활용할 것인가

엄마표 영어의 목표, 아이 혼자 원서 읽기

많은 부모들이 아이가 혼자 영어 원서를 읽고 이를 통해 점차 영어 실력이 늘어가기를 바랍니다. 아이가 『해리포터』 같은 소설책을 혼자서 즐겁게 읽는 모습을 본다면 얼마나 뿌듯할까요? 그래서인지 시중에 나온 많은 엄마표 영어 안내서들의 목표도 '『해리포터』 혼자 읽기'에 맞춰져 있는 듯합니다.

그렇다면 알파벳도 모르는 아이가 '혼자서 원서 읽기' 단계까지 어떻게 갈 수 있을까요? 엄마표 영어로도 과연 가능한 것일까요?

우선 비교를 위해 영어가 모국어인 미국 아이들의 혼자 읽기 과정을 살펴봅시다. 미국 아이들은 프리스쿨(Preschool)에 다니는 연령인 만 3~4세부터 문자 학습에 들어갑니다. 이 단계에서의 문자 학습이란 소리가 문자로 표현된다는 개념을 이해하고, 소리 자체를 명확하게 구분하는 것으로부터 시작됩니다. 예를 들어, "Do you want to go to the bathroom?"이라는 일상적으로 사용하는 의미 덩어리가 여러 개의 단어로 이루어져 있고, 각 단어는 여러 개의 더 작은 소리로 이루어져 있음을 인지하는 것입니다. 이처럼 소리에 대한 인식을 바탕으로 알파벳을 배우고, 어떤 소리가 어떤 알파벳으로 표현되는지를 배우는 파닉스 학습에 들어가게 됩니다.

우리나라 아이들의 한글 떼는 시기가 저마다 다르듯이 미국 아이들의 파닉스 학습이 끝나는 시기 또한 아이마다 다릅니다. 일반적으로 파닉스와 워드 스터디(쓰기를 위한 철자법) 수업은 초등 3학년 때까지 꾸준히 이루어집니다. 하지만 이렇게 파닉스와 워드 스터디를 꾸준히 배우고 4학년에 올라가도 여전히 많은 아이들이 유창하게 책을 읽고 책에서 지식을 습득하는 데에 어려움을 겪는다고 합니다. 미국 교육부에서 2017년에 실시한 학업성취도평가(NAEP) 결과에 따르면, 미국 초등 4학년의 32퍼센트는 기본(Basic) 읽기 수준에 못 미친다고 하니, 영어가 모국어인 아이들에게도 완전한 읽기 독립까지의 길은 멀고도 험난하다는 것을 알 수 있습니다.

그래도 많은 아이들이 파닉스를 배우고 나면 쉬운 책을 혼자서 더듬더듬 소리 내어 읽게 되고, 유창성 연습을 거쳐 묵독으로 들어갑니다. 이 단계가 바로 많은 부모들이 '이제 혼자서 책을 읽을 수 있겠구나'라고 생각하는 단계일 것입니다. 그럼 파닉스를 배우면 책을 읽을 수 있을까요?

혼자서 책을 읽을 수 있다는 말은 첫째, 영어라는 언어의 문법 구조를 자연스럽게 체득하고 사용하고 있으며, 둘째, 엄청난 양의 어휘를 알고 있다는 것을 전제로 합니다. 아래는 영어가 모국어인 아이들의 만 2세부터 초등학교 입학 연령인 만 6세까지의 어휘 습득량을 나타낸 표입니다. 표를 살펴보면 본격적으로 파닉스를 배우는 만 4~5세 아이들의 경우, 자유자재로 사용하는 어휘가 1,000개가 넘고, 들어서 이해하는 어휘는 그보다 몇 배 더 많다는 것을 알 수 있습니다.

즉, 영어가 모국어인 아이들은 영어의 문장 구조를 자연스럽게 습득한 상태에서 1,000개 이상의 어휘를 자유자재로 사용할 때 한글보다 훨씬 복잡하고 불규칙한 룰을 가진 철자법인 파닉스를 배우고, 연습을 통해 책 읽기에 들어간다는 뜻입니다.

위의 예를 우리나라 아이들에게 그대로 적용시킬 수는 없겠지만, '아이 혼자 원서 읽기'가 생각보다 오래 걸리는 과정이라는 것을 이해하는 데에는 도움이 될 것입니다. 또한 '파닉스를 다 배웠는데 우리 애가 왜 못 읽을

영어가 모국어인 아이들의 어휘 습득량

나이	어휘
만 2세	200 ~ 300단어
만 3세	900 ~ 1,000단어
만 4세	1,500 ~ 1,600단어
만 5세	2,100 ~ 2,200단어
만 6세	2,600단어(표현 가능), 20,000 ~ 24,000단어(이해 가능)

까?'라는 질문에 대한 답이기도 합니다. 파닉스를 배운다는 것은 소리와 글자와의 관계를 알아간다는 뜻이며, 이는 글의 내용을 이해하고 표현하는 것과는 거리가 있지요.

그렇다면 영어가 모국어인 아이만큼은 아니겠지만 우리 아이들이 영어라는 언어에 익숙해지고 상당한 양의 어휘를 습득하도록 하려면 어떻게 해야 할까요? 아이가 영어를 엄마표로 배우든, 학원에서 배우든 간에 우선은 영어에 많이 노출시켜야 합니다. 아이가 외국에서 살면서 자연스럽게 영어에 장시간 노출된다거나 본인의 의지가 강해서 매일 열심히 영어를 보고 듣는, 그런 흔치 않은 경우가 아니라면, 누군가의 조력이 반드시 필요합니다. 마더구스 같이 부르기, 영어 그림책 읽어주기, 아이가 좋아할 만한 영어 동영상을 찾아 규칙적으로 시청하도록 유도하기, 오디오북 활용하기 등이 바로 그 시작입니다.

그렇게 아이의 영어 실력이 늘어가면 그때부터 부모의 역할은 아이의 수준과 취향에 맞는 책을 고르는 데에 도움을 주고, 아이가 꾸준히 책을 읽을 수 있는 환경을 만드는 것으로 나아가야 합니다. 처음에는 영어책 한 권 고르기도 낯설고 막막하겠지만, 제가 소개해드리는 그림책들과 함께 아이의 진도에 맞게 차근차근 하다 보면 어느새 혼자서 즐겁게 책을 읽고 있는 아이를 만나게 될 것입니다.

왜 영어 그림책인가

아이와 어른의 외국어 학습은 어떻게 다를까요? 어른은 규칙을 찾아서 한 번에 많은 것을 해결하려고 합니다. 즉, 문법을 배우고자 하지요. 하지만 아이들은 규칙을 이해하여 언어를 배우려고 하는 욕구가 없습니다. 또한, 어른들은 어떤 활동을 하더라도 이 활동의 목적이 무엇인지에 대해 생각하지만, 아이들은 무슨 활동을 왜 혹은 어떻게 하는지 몰라도 그냥 따라 합니다. 나이가 어릴수록 실수에 대한 두려움이나 부끄러움도 별로 느끼지 않지요.

저는 학창시절에 관계대명사를 익히느라 고생했던 기억이 지금도 생생합니다. 그런데 아이들을 가르치면서 보니, 아이들은 영어 수준이 높지 않아도 문장 속 관계대명사를 자연스럽게 이해하고, 심지어 말할 때 사용하기도 하더군요. 말로 설명하면 그 개념을 이해하지 못하지만, 실생활에서는 자연스럽게 사용하는 것을 볼 수 있었습니다. 이는 관계대명사가 나오는 문장을 의미 중심으로 충분히 들었기 때문입니다. 영문법 책을 밑줄 그어가며 공부했던 고등학생 시절의 저는 영문법이란 '의미 중심 입력'이 충분할 때 상당 부분 쉽게 이해된다는 것을 몰랐던 것이지요.

이 '의미 중심 입력'을 도와주는 것이 바로 영어 그림책 읽기와 영상물 시청입니다. 영어 그림책과 영어 영상물의 특징은 '이미지'가 있다는 점입니다. 모르는 어휘나 표현이 나와도 이미지를 보고 그 내용을 짐작할 수 있어서, 지금 들리는 소리가 이런 뜻이겠거니 하고 받아들일 수 있는 것이지요. 어린아이들이 즐겨보는 애니메이션 중에 〈Max & Ruby〉가 있습니다. 이 애니메이션은 1편당 8분짜리 영상물인데요, 그 중 'Ruby's Piano Practice'라는 에피소드를 보면 "I don't know where your firetruck is.", "I know what we should do."라는 문장이 나옵니다. 아이들은 이 두 문장에서 where와 what이 '선행사 없는 관계대명사'라는 문법을 몰라도 이야기의 흐름상 무슨 뜻인지 이해할 수 있지요. 이런 식의 의미 중심 입력이 반복되면 특정 상황에서 "I don't know what to do."라는 문장을 자연스럽게 사용하게 됩니다.

몇 해 전 레벨 테스트를 받으러 온 6살 아이를 인터뷰한 적이 있습니다. 그때 아이가 저와 유창한 영어로 일상 회화가 가능한 것을 보고, 아이의 어머니에게 외국에서 얼마나 살다 왔는지 물었던 적이 있습니다. 영어의 유창성, 제스처 등이 아주 자연스러웠는데, 아이 어머니 말로는 영어 학원도 처음이고 외국에는 나가본 적도 없지만 DVD 시청을 꾸준히 했다고 했습니다. 교육 현장에서는 이렇게 DVD 시청을 통해 영어로 말문을 튼 아이들을 어렵지 않게 만날 수 있습니다. 이처럼 영상이나 소리로 의미 중심 입력의 일정량을 채우는 것은 언어 학습에서 빼놓을 수 없는 부분입니다. 여기에 말하기, 듣기만큼이나 중요한 읽기, 쓰기 능력, 즉 리터러시(Literacy) 능력을 키워주기 위해서는 영어 그림책을 통한 의미 중심 입력이 이루어져야 합니다.

영어 그림책을 살펴보면 반복되는 문장 패턴을 가지고 있는 경우가 많습니다. 이런 그림책을 통해 아이들은 영어의 문장 구조를 자연스럽게 익히고 어휘를 확장할 수 있습니다. 그리고 어른과 달리 아이들은 이런 그림책 속 기본 문장을 활용해서 새로운 문장도 거침없이 만들어냅니다. 7살 예솔이는 고미 타로의 『My Friends』를 읽고 책에 나오는 기본 문장을 활용해서 "I learn to flap from my friend penguin."이라고 말한 적이 있습니다. 또 6살 윤식이는 에릭 칼의 『Slowly, Slowly, Slowly, said the Sloth』에 나오는 "I'm slothful."이라는 표현을 "I'm 윤식ful."이라고 만들기도 했지요. 이렇게 아이들은 실수에 대한 두려움이나 부끄러움이 없어서, 그림책 속 기본 문장과 몇 개의 단어만으로도 의미 있는 출력을 만들어냅니다.

7살 산을이는 1년 정도 '함께 읽기'로 영어 그림책 수업을 진행한 상태에서 에밀리 그래빗의 『Again!』으로 쓰기 활동에 들어갔습니다. 아직 스스로 문장을 만들어내지는 못해서 책의 내용을 그대로 적는 쓰기 활동을 했지요. 대부분의 아이들이 그렇듯이 산을이도 글자 쓰기를 썩 좋아하지는 않아서, 책에 있는 문장을 그대로 적지 않고 스스로 짧게 요약해서 적다가 결국은 완전히 다른 이야기를 만들어낸 적이 있었습니다. 산을이가 적은 글을 살펴보니 한 달 전쯤 배운 책인 제즈 앨버로우의 『Where's My Teddy?』에서 접했던 문장 "Clearer and clearer, the sound of a sobbing came nearer and nearer."를 활용하여 "The fire gets bigger and bigger."라는 문장을 만들어냈더군요. 아이에게 칭찬을 많이 해주었더니 그 다음부터는 꾸준히 스스로 문장을 만들어서 적는 열의를 보였습니다.

물론 아직은 문법적 오류가 가득한 문장이 대부분이기는 합니다만, 외국어로 의사소통을 하려면 완벽한 문장을 만드는 것보다는 상황에 맞는 말을 이해하기 쉽도록 하는 것을 우선해야 한다는 점에서 의미 있는 진전이 분명합니다. 아이의 일상과 관련된 내용을 많이 다루는 그림책은 일상생활 속 다양한 상황을 많이 보여주고 짧고 간결한 표현으로 효과적인 의사소통이 가능하도록 하는 최고의 영어 교재입니다.

3단계 읽기 스킬로
영어 실력을 다진다

아이와 부모의 많은 노력이 필요한 영어 학습에 있어서 그 노력이 헛되지 않으려면 방향을 잘 잡고 가는 것이 중요하겠지요. 그 방향을 제시하는 데에 도움이 되는 이론이 '균형 잡힌 문해법(Balanced Literacy)'입니다. 균형 잡힌 문해법은 일상적으로 사용하는 문장으로 이루어진 살아 있는 텍스트(Authentic Books)를 기반으로 한 학습자 중심의 읽기 학습과 체계적인 파닉스 학습 간의 균형을 중요시하는 교육 이론입니다.

균형 잡힌 문해법에서는 읽기, 쓰기, 워드 스터디를 책을 읽고 이해하기 위한 주요한 구성요소로 봅니다. 그 중에서도 특히 읽기는 부모(혹은 교사)가 아이에게 책을 많이 읽어주는 '리드 어라우드 단계(Read Aloud)', 부모의 지도 하에 부모와 아이가 같이 책을 읽는 '함께 읽기 단계(Shared Reading)',

여전히 부모의 도움이 필요하지만 아이가 주체가 되어 책을 읽는 '유도적 읽기 단계(Guided Reading)'로 세분화됩니다. 읽기 단계가 올라갈수록 부모의 역할은 줄어들고 아이들의 역할이 커지면서 최종적으로는 독립적인 읽기와 쓰기가 가능한 상태가 되지요.

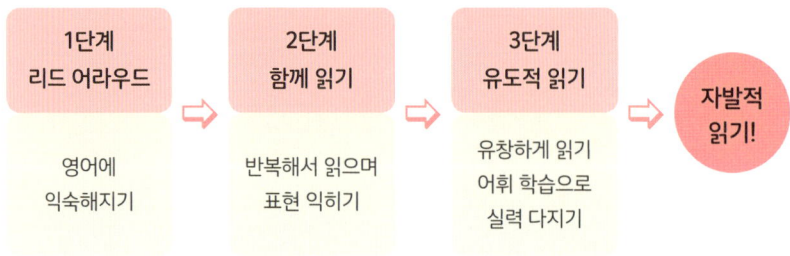

어른이 아이에게 다양한 책을 소리 내어 읽어주는 리드 어라우드 단계에서는 그림과 글이 일치해서 내용을 쉽게 이해할 수 있고, 반복되는 문장 안에서 해당 주제의 어휘를 다양하게 익힐 수 있는 책을 고르는 것이 좋습니다. 그리고 아이의 연령을 고려한 책 선정이 중요합니다. 우리 아이들은 보통 유치원이나 초등학교에 다니면서 영어를 처음 접하는 경우가 많기 때문에 내용이 지나치게 단순한 책을 고르면 인지 수준에 맞지 않아 흥미를 잃기 쉽습니다. 물론 4세 이전에 영어 그림책 리드 어라우드를 시작한 아이라면 책 선택에 대한 고민이 많이 줄어들겠지요. 이후 아이가 함께 읽기나 유도적 읽기 단계에 들어가더라도 리드 어라우드를 꾸준히 해주는 것이 영어 학습에 도움이 됩니다.

리드 어라우드 단계를 마칠 즈음이면 함께 읽기 단계로 들어갑니다. 이 단계는 아이가 학습으로 영어를 접하기 시작할 때 영어 그림책을 읽는 법에 관한 내용입니다. 리드 어라우드 단계가 많은 책을 읽어주어 아이가 영어의 소리와 문장 구조를 익히고 기본 어휘를 알아가는 데에 초점을 두고 있다면, 이 단계는 책을 통해 리터러시의 기초를 닦아주는 과정이라고 할 수 있습니다. 자주 나오는 단어들은 통문자로 익히고, 내용을 이해하는 데에 핵심이 되는 어휘들은 따로 배워야 합니다. 또한, 본격적인 파닉스 학습과 쓰기가 시작되는 시기이기도 합니다. 쓰기는 주요 문장을 따라 쓰거나, 주요 문장에 단어들을 바꾸어 적어 새로운 문장을 만드는 수준입니다. 한 권의 책으로 읽어주기, 따라 읽기, 같이 읽기, 중요 어휘만 아이가 읽기 등 다양한 형태의 읽기를 진행해서 다음 책으로 넘어가기 전에 아이가 책을 읽었는지 외웠는지 구분이 안 갈 만큼 여러 번 반복해서 읽도록 유도합니다.

세 번째 읽기 단계는 여전히 책을 통해 리터러시의 기초를 배우지만 학습의 주도권이 서서히 아이에게로 옮겨가는 단계입니다. 유도적 읽기 단계라고 불리는데, 아이가 쉬운 책을 더듬더듬 읽기 시작해서 점차 책의 난이도를 높여 성취감과 즐거움을 느끼며 책 읽기를 즐기도록 옆에서 도와주는 시기입니다. 영어를 모국어로 사용하는 아이라면 초등 1학년부터 3학년까지 유도적 읽기로 리터러시를 배웁니다. 이 단계에서는 정독과 다독이 함께 진행됩니다. 정독을 위한 활동으로는 주요 어휘를 익히고 내용 이해에 도움이 되는 다양한 활동을 하고 유창성을 키우기 위해 여러 번에 걸쳐

책을 읽는 것 등이 포함됩니다. 여전히 고빈도 어휘를 통문자로 익히는 연습을 하지만 소리와 철자와의 관계를 배우는 파닉스에서 철자법에 초점을 둔 워드 스터디로 무게 중심이 옮겨갑니다.

다독을 위해서는 책의 객관적 수준을 알고 아이의 수준에 맞게 단계별로 책을 골라주는 노력이 필요합니다. 책의 수준을 알려주는 대표 지수인 렉사일(Lexile), AR, GRL 레벨 등에 대해 이해한다면 보다 쉽게 책을 선정할 수 있습니다. 대표적인 독서능력 지수들에 대해서는 본문에서 다루고 있으니 참고하시기 바랍니다. 다독을 쉽고 효과적으로 하기 위해서 꾸준히 리더스를 읽도록 유도하고 점차 얼리 챕터북, 저학년 수준의 챕터북으로 단계를 높여나가야 합니다. 그리고 오디오북으로 들으면서 읽기(Reading While Listening)를 진행하는 것도 읽기의 유창성을 키우는 데에 큰 도움이 됩니다. 쓰기의 수준도 높아져서 단문에서 시작하여 서서히 자신의 생각을 정리해서 여러 개의 문장으로 적는 단계로 나아갑니다.

누구나 빠져들 수밖에 없는 그림책의 매력

영어 그림책은 말 그대로 영어로 쓰여진 그림책입니다. 그림책의 매력을 만끽하며 영어를 배울 수 있다는 뜻이지요. 그림책은 작가들의 기발한 상상력과 창의력, 아름다운 그림이 집대성되어 있는 하나의 문학 작품입니다. 단순히 영어를 배우기 위해서가 아니라 그림책이 가진 매력을 이해하며 읽는다면, 영어 그림책을 읽는 시간이 훨씬 더 즐거울 것입니다.

그림책을 볼 때는 먼저 표지를 보면서 내용을 추측해보면 좋습니다. 그림책의 표지는 그림책의 내용을 대표하는 가장 강렬한 이미지를 보여주는 경우가 많지요. 『Where's My Teddy?』처럼 시원하게 앞뒤 표지를 펼쳐보면 재미있는 장면이 나오는 책도 있습니다. 똑같이 공포에 질린 표정으로 곰인형을 끌어안고 서로 반대방향으로 달려가는 곰과 소년. 이들에겐 과연 무슨 일이 있었을까 궁금해지지요.

앞표지를 넘기면 표지와 내지를 연결하는 면지가 나옵니다. 최근에는 면지를 하나의 페이지로 간주해서 활용하는 경우가 많아졌습니다. 『We're Going on a Bear Hunt』의 경우, 이야기의 배경이 되는 장소가 앞면지와 뒷면지에 완전히 다른 모습으로 표현되어 있습니다. 앞면지는 갈매기의 울음소리와 파도 소리가 반짝이는 햇살과 함께 어우러진 평화로운 아침 나절의 바닷가 모습입니다. 반면 뒷면지는 먹구름이 낀 채 어두워지는 하늘과 거칠어진 파도를 배경으로 어깨를 늘어뜨린 곰이 터벅터벅 걸어가는 모습이 담겨 있어 쓸쓸함과 좌절감이 느껴지는 바닷가 모습입니다. 과연 이야기의 어떤 부분이 이렇게 배경이 되는 장소의 모습을 다르게 바꾸었을지, 책을 읽기 전에 먼저 살펴보면서 본격적인 읽기에 들어가도 좋겠지요.

뒷면지에서 책이 끝난 이후를 암시하는 경우도 있습니다. 이럴 때는 아이들과 이 다음에 어떤 일이 생길지 마음껏 상상하며 예측해보아도 재미있습니다. 칼데콧 아너상 수상작인 모 윌렘스의 『Don't Let the Pigeon Drive the Bus!』는 버스를 몰고 싶지만 그러지 못한 비둘기 이야기입니다. 그런데 이야기가 끝나고 뒷면지에 비둘기가 빨간 트럭을 상상하는 장면이 나와 있습니다. 앞면지에는 버스를 모는 장면을 상상하는 장면이 있었는데 말이지요. 아이와 다음 책의 제목을 정해볼 수도 있습니다. 'Don't Let the Pigeon Drive the Truck!'이라고요.

면지를 넘기면 헌사와 책 제목을 수록한 타이틀 페이지가 나옵니다. 타이틀 페이지를 재미있게 활용하는 그림책 작가들도 많습니다. 포스트모더

니즘 그림책이자 온갖 전래동화 비틀기로 가득 찬 칼데콧 아너상 수상작 『The Stinky Cheese Man and Other Fairly Stupid Tales』는 타이틀 페이지에 책 제목 대신 "Title Page"라고 적혀 있습니다. 진짜 책 제목은 아래에 조그맣게 적혀 있어 페이지를 펼친 순간 웃음이 터져나옵니다. 심지어 헌사가 있는 페이지는 글자가 거꾸로 되어 있는데, 누가 이 글을 읽겠냐는 말과 함께 정 읽고 싶으면 물구나무를 서서 읽으라는 말이 적혀 있습니다.

본문은 글과 그림의 일치 여부를 눈여겨보면 작가가 의도한 효과를 알 수 있습니다. 그림책에서 글과 그림 사이의 관계는 글과 그림이 완전히 일치하는 경우, 서로 보완하면서 의미가 확장되는 경우, 서로 상반된 경우 등 크게 세 가지로 나눌 수 있습니다. 영어 학습을 시작하는 어린 학습자라면 글과 그림이 일치하는 책으로 시작하는 것이 좋습니다.

그림이 글의 내용을 보완하거나 확장하는 그림책으로는 어떤 책이 있을까요? 1902년에 출간되어 100년이 넘는 세월 동안 사랑받고 있는 『The Tale of Peter Rabbit』을 살펴보겠습니다.

"Now, my dears," said old Mrs. Rabbit one morning, "you may go into the fields or down the lane, but don't go into Mr. McGregor's garden." ("자, 애들아," 엄마 토끼가 말했어요. "들판으로 가거나 길 아래쪽으로는 가도 되지만, 맥그리거네 정원에는 들어가지 말거라.")

이렇게 글로는 가면 안 되는 곳을 일러주는 엄마의 당부가 적혀 있는데, 그림으로는 엄마의 말을 듣고 있지 않는 토끼 한 마리의 모습을 보여줍니다. 글의 어디에도 토끼 한 마리가 엄마의 말을 듣지 않았다는 구절이 없습니다. 하지만 책의 제목으로부터 아이들은 이 토끼가 바로 피터라는 것을 알 수 있고, 아마 피터가 맥그리거의 정원으로 들어가리라는 것을 예측할 수 있습니다. 독자는 이런 글과 그림 간의 묘한 불일치를 다양한 추측과 상상력으로 메우게 되고, 이런 주도적이고 자발적인 책 읽기 과정이 즐거운 책 읽기 학습으로 연결될 수 있습니다.

글과 그림 간의 모순으로 여러 가지 읽기가 가능한 대표적인 그림책으로는 『Rosie's Walk』가 있습니다. 농장에 사는 암탉 로지는 저녁 산책을 나갑니다. 들판을 가로질러, 연못을 돌아, 짚단을 넘어, 방앗간을 지나, 벌집 아래로 걸어 다니다가 저녁식사 시간에 맞춰 자신의 닭장으로 돌아옵니다. 글은 이렇게 평범한 농장 산책 이야기인데, 그림은 암탉 뒤에서 호시탐탐 기회를 노리는 여우의 이야기입니다. 암탉을 잡아먹으려는 여우는 갈퀴에 얻어맞고, 연못에 빠지고, 짚단에도 빠지고, 방앗간 옆에서 밀가루를 뒤집어쓰고, 벌집을 무너뜨려 벌의 공격까지 받아 결국 멀리 쫓겨갑니다. 글과 그림이 상반되지만 독자는 그림을 보면서 이야기를 스스로 완성해나가게 되지요.

맛보기처럼 짚어드렸지만 다양한 그림책의 세계를 이해하고 나면, 영어 그림책 읽기가 조금 더 수월하게 느껴질 것입니다.

영어가 두려운 아이에게
자신감 키워주는 법

영어 그림책 읽기를 싫어하는데 엄마 손에 이끌려 제 교실에 오는 아이들이 있습니다. 이 아이들은 이미 영어 그림책 읽기는 어렵고 재미없고 부담스럽다고 생각하고 있지요. 이런 아이들에게 영어 그림책 읽기가 쉽고 재미있으며, 심지어 '나는 영어를 잘한다'라는 생각이 들도록 하려면 어떻게 해야 할까요? 제가 쓰는 방법은, 몇 개월에 걸쳐 영어 그림책으로 긍정적인 경험을 많이 쌓도록 유도하는 것입니다.

그러기 위해서는 첫째, 이해하기 쉬운 책을 고릅니다. 아이가 아직 영어에 익숙하지 않을 때는 그림만 보아도 내용을 쉽게 이해할 수 있는 책을 고르는 것이 좋습니다. 즉, 책을 읽으며 여러 번에 걸쳐 모국어인 한글의 도움을 받아야 한다면 그 책은 아이의 수준에 맞지 않으니 과감하게 내려놓고 수준에 맞는 책을 골라야 합니다. 또한 아이의 연령이 높아질수록 줄거리가 있는 책을 선호하니 좀 늦게 영어 그림책 읽기를 시작한 아이들에게는 패턴이 반복되는 단순한 책보다는 짧고 쉽지만 이야깃거리가 있는 책을 고르는 것이 좋습니다. 『Good Night, Gorilla』, 『That is Not a Good Idea』, 『The Chick and the Duckling』, 『Five Little Monkeys Sitting in a Tree』 등이 그런 책이지요.

둘째, 질문으로 아이의 참여를 끌어내고 영어 자신감을 높입니다. 아직 영어로 말하는 것이 낯설고 영어 그림책 읽기에 소극적인 아이와 함께 『Good Night, Gorilla』라는 그림책을 읽는다고 가정해봅시다. 책을 읽다가 어떤 장면을 보고 아이에게 "What is it?"이라고 질문한다면, 책 읽기에 참여할 의사가 없는 아이에게는 부담스러울 수 있습니다. 또한, 답의 범위가 넓기 때문에 영어에 열의가 없는 아이라면 입을 열기가 힘들지요.

그럴 때는 "Is this a monkey or a gorilla?" 하는 식으로 두 개 중에 하나를 선택해야 하는 질문을 하는 편이 좋습니다. 아이가 답을 안다면 대답하지 않을 수가 없는 질문입니다. 질문을 하면서 원숭이와 고릴라를 몸으로 흉내 낸다면 아이도 재미있어하고 답을 끌어내기도 더욱 쉽습니다. 아직 말로 반응을 보일 정도가 아니라면 몸짓을 이끌어내도 괜찮아요. 하지만 가끔 눈도 안 마주치고 할 수 없이 몸만 앉아 있는 아이들을 만나기도 하는데요, 저는 그러면 원맨쇼를 합니다. 혼자서 읽고 혼자서 몸 동작하고 혼자서 답을 합니다. 마치 아이가 답을 한 것처럼 말이지요. 어떤 경우이든 답을 맞춘 아이를 향한 약간 과장된 리액션은 필수입니다.

만약 아이가 틀린 답을 말한다면? 4살이나 5살 아이의 경우 위의 질문을 듣고 "Monkey"라고 말하기도 합니다. 둘 중 익숙한 동물을 골랐기 때문이지요. 당연히 "No!"라는 말로 찬물을 끼얹으면 안 되고요, "Monkeys have long tails."(엉덩이로 손을 가져가 꼬리 모양을 흉내 냅니다), "Gorillas have no tails."(두 손으로 X자를 만들어서 아니라는 표시를 합니다), 그리고 책의 표지를 다시 보여주며 같은 질문을 한 번 더 하면, 아이는 "Gorilla!"라고 말한답니다.

제가 이런 말씀을 드리는 이유는, 영어 그림책을 읽으면서 이렇게 영어로 대화를 나누라는 뜻이 아닙니다. 쉬운 문답으로 아이에게 자신감을 준 한 가지 예를 소개해드렸습니다. 아이에게는 영어로 된 질문을 알아듣고 답을 맞추었다는 긍정적인 경험이 하나 쌓인 것이지요. **이런 경험이 하나하나 쌓이다 보면 더 이상 영어가 두렵거나 어려운 것이 아님을 느끼고, 다른 책에도 호기심을 보이게 된답니다.**

셋째, 영어 그림책으로 재미있게 놀아줍니다. 사실 영어 그림책은 그 자체로도 재미있기 때문에 읽는 것만으로도 충분합니다. 하지만 영어 그림책 읽기를 싫어하는 아이에게는 아이가 좋아하는 '활동'을 같이 해주는 것이 도움이 됩니다. 처음에는 활동이 재미있어 놀이처럼 영어 그림책 읽기에 참여했는데, 재미있는 활동을 하고 나니 그 영어 그림책에 대한 애정이 생기는 경험을 할 수 있거든요. 이런 경험은 다시 영어 그림책을 읽는 행동으로 연결되고, 읽을 때마다 재미있었던 활동이 생각나고, 책을 자꾸 읽다 보니 내용이 점점 쉽게 느껴지면서, 드디어 영어 그림책 선순환이 일어납니다. 이런 선순환이 자리 잡기까지 아이에 따라 한 달이 걸리기도 하고, 두 달이 걸리기도 합니다. 일주일에 한 번씩 영어 그림책 읽기 수업에 들어온 아이들을 오랫동안 만나온 제 경험에 의하면, ==아무리 늦어도 석 달이면 대부분의 아이들이 이런 선순환에 들어섭니다. 물론 석 달 동안 계속 시도한다면 말이지요.==

여기서 '재미있는 활동'은 형식이나 틀에 구애받지 않고 생각나는 대로 하면 됩니다. 『Good Night, Gorilla』를 읽고 북메이킹을 하거나 『Go Away, Big Green Monster!』를 읽고 클레이로 미술놀이를 해볼 수도 있습니다. 『Five Little Monkeys Sitting in a Tree』를 읽고 엄마는 악어가 되고 아이는 원숭이가 되는 역할 놀이를 해볼 수도 있습니다. 아니면, 『A Dragon on the Doorstep』을 읽고 아이와 집 안을 돌아다니며 숨바꼭질을 하는 것도 재미있는 독후 활동이랍니다.

간혹 엄마의 영어 발음이 좋지 않은데, 엄마가 영어 그림책을 읽어줘도 괜찮을지 염려하는 분들이 있습니다. 저는 직업상 엄마표 영어를 성공적으로 진행한 분들을 만날 기회가 많은데요, 이분들의 공통적인 특징은 '영어 실력'이 아니었습니다. 바로 '열정'과 '끈기'입니다. 아이는 영어의 소리를 엄마에게서만 듣는 것이 아니므로 엄마의 영어 발음을 따라 할까 걱정할 필요가 없습니다. 무엇보다 엄마의 목소리를 통해 듣는 것보다 영어 영상 시청, 오디오북을 통해 듣는 양이 절대적으로 많아지면 아이의 전체적인 발음은 많이 듣는 소리 쪽으로 가게 됩니다. 그러니 걱정하지 말고 아이에게 영어 그림책을 더 많이, 더 자주 읽어주세요.

유튜브에서 원어민이 읽어주는 리드 어라우드 영상을 찾아보는 것도 좋은 방법입니다. 유튜브에는 거의 대부분의 영어 그림책 리드 어라우드 영상이 있습니다. 영어 영상이나 오디오북 활용법은 뒤에서 따로 상세하게 설명하겠습니다.

보드북? 하드커버? 도대체 무슨 책을 사야 할까?

영어 그림책을 주문하고 부푼 마음으로 배송 박스를 열었다가 엉뚱한 책에 당황한 경험이 다들 한 번쯤은 있을 것입니다. 이벤트 특가라서 빨리 결제해야지 하다가 실수하기도 하지만, 우리나라 온라인 쇼핑몰에 제대로 된 정보가 없어서 잘못 사는 경우도 많습니다.

에릭 칼의 책 『The Very Busy Spider』의 경우 보드북, 페이퍼백, 플립플랩북(혹은 리프트앤플랩북), 하드커버, 라이브러리북, 펭귄영리더스북, 움직이는 시계가 붙은 보드북, 색칠놀이북, 단어책 등 자그마치 9가지 종류로 나와 있는데, 정확한 사이즈와 각 책의 차이를 제대로 설명한 곳이 없습니다. 플립플랩북은 다른 책과 달리 페이지 전체를 들추며 읽는 즐거움이 있지만 거미줄이 평면 처리되어 다른 책과 달리 손으로 거미줄을 더듬으며 읽을 수는 없습니다.

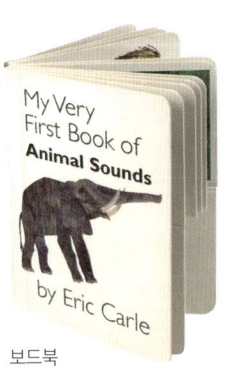
보드북

그래서 책을 잘못 고르는 실수를 줄이려면 우선 책을 설명하는 명칭을 잘 이해하는 것이 중요합니다. 보드북(Board Book)은 책 표면은 물론 내지까지 두껍고 딱딱한 종이로 되어 있어 어린아이들이 보기에 적합한 책을 말합니다. 모서리가 둥글게 처리되어 있어 안전하고 견고하며 책값도 적당한 장점이 있는 반면 책의 크기가 작아 시원한 맛은 없습니다.

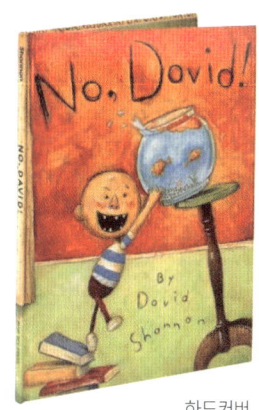
하드커버

페이퍼백(Paperback)은 크기가 커서 보기가 좋고 책값도 적당한데, 잘 찢어지는 단점이 있습니다.

하드커버(Hardcover)는 표지가 두껍고 딱딱한 종이로 되어 있지만 내지는 일반 종이로 되어 있는 책입니다. 크고 견고하지만 책값이 보드북이나 페이퍼백보다 2배 이상 비쌉니다.

플립플랩북(Flip Flap Book)은 말 그대로 종이를 들추며 읽는 책이고, 팝업북(Pop-up Book)은 그림이 3D로 일어나는 책입니다. 로드 캠벨의 『Dear Zoo』는 보드북이 플립플랩북이고, 페이퍼백은 팝업북과 플립플랩북 두 가지 형태로 판매되고 있어 내지 그림을 잘 살피고 책을 사는 것이 좋습니다.

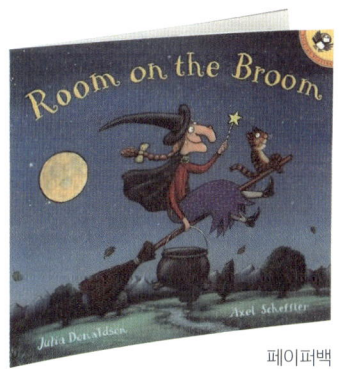
페이퍼백

그 외에 자이언트사이즈 보드북은 보드북처럼 전 페이지가 두껍고 딱딱한 종이로 되어 있는데 판형이 하드커버처럼 큰 책을 말합니다. 라이브러리북은 하드커비와 비슷한데 많이 사람들이 책을 빌려보는 도서관의 특성을 고려해서 연결 부위를 더 견고하게 만든 책을 말합니다.

　그림책 속 내용과 관련해서 고려해야 할 점도 있습니다. 『The Paper Bag Princess』는 하드커버와 페이퍼백에 있는 내용보다 보드북에 있는 내용이 훨씬 짧고 쉽습니다. 이런 경우가 많은 것은 아니지만 글밥이 많은 책이 보드북으로 나왔을 때는 유아 독자를 위해 작가가 내용을 바꾼 것일 수도 있으니, 원작을 그대로 읽고 싶다면 되도록 하드커버나 페이퍼백을 고르는 것이 좋습니다.

　그림책의 내용이 달라지는 다른 예로 레이먼드 브릭스의 『The Snowman』이 있습니다. 이 책은 애초에 글자 없는 그림책으로 나왔는데 이후 글자 있는 그림책 버전이 나오면서 보드북, 페이퍼백, 하드커버, 색칠놀이북, 퍼펫플레이북 등과 함께 뒤섞여, 살 때 찬찬히 살피고 사지 않

팝업북

으면 나중에 엉뚱한 책을 들고 있기 딱 좋습니다. 그래도 『The Paper Bag Princess』나 『The Snowman』처럼 그림책 속 '글'이 달라지는 책들은 베스트셀러 중 베스트셀러이기 때문에 설혹 의도한 버전의 책을 사지 못했다고 해도 충분히 소장할 만한 가치가 있답니다.

  마지막으로 영어 그림책이 미국판이냐 영국판이냐에 따라 어휘나 표현, 심지어 제목까지 달라지는 경우가 종종 있습니다. 저는 가격이 싼 책을 고르는 편입니다만, 일반적으로 미국판을 선호하는 사람들이 더 많습니다. 예를 들어, 폴리 던바의 『Penguin』에서 '혀를 쏙 내밀었다'를 미국판에서는 "stuck out his tongue"으로, 영국판에서는 "blew a raspberry"로 썼습니다. 둘 다 재미있는 표현이지요?

그림책 공부 상담실

Q 영어 학습에 도움이 되려면, 그림책 한 권을 몇 번 읽히는 게 좋을까요?

　균형 잡힌 문해법의 학습 단계에 맞게 설명을 하자면, 리드 어라우드는 아이에게 많은 책을 읽어주는 단계이므로 한 권을 한 번만 읽어주어도 좋고 여러 번 읽어주어도 좋습니다. 그러니 이 단계에서는 도서관에서 영어 그림책을 왕창 빌려서 많이 읽어줄 것을 권합니다. 물론 그 중에 아이가 특별히 좋아하는 책이 있다면 사는 것이 좋겠지요.

　함께 읽기와 유도적 읽기 단계에서는 4차례에 걸쳐서 읽어도 좋고 책에 따라 8차례에 걸쳐서 읽어도 좋습니다. 처음에는 부모가 읽어주고, 그 다음에는 따라 읽도록 유도하고, 그 다음은 그림으로 예측 가능한 부분만 아이가 읽도록 유도하고, 나중에는 부모와 아이가 동시에 소리 내어 읽는 식이지요. 여기서 여러 차례에 걸쳐 읽는다는 말은 책을 나눠서 조금씩 읽는다는 뜻이 아니라 한 권을 여러 가지 방법으로 읽는다는 뜻입니다.

　책의 수준이 높아지는 유도적 읽기 단계에서는 오디오 CD를 틀어놓고 같이 읽거나 묵독을 하기도 합니다. 이 단계의 책들은 되도록 구매하는 것이 좋은데, 포스트잇으로 책 속에 말풍선을 다는 등 책 자체를 활용할 일도 많기 때문이지요. 또 한 책을 이렇게 깊이 배우고 나면 책에 애정이 생겨 나중에도 수시로 꺼내서 읽게 되는 경우가 많습니다.

Q 제 영어 발음이 안 좋은데, 아이에게 영어 그림책을 읽어줘도 될까요?

저는 제 영어 그림책 수업에 들어온 아이들 중 엄마의 영어 실력과 상관없이 영어 실력이 뛰어난 아이들을 많이 만났습니다. 그 중 기억에 남는 아이가 있는데요, 우리 나이로 4살 된 아이였는데 엄마가 영어 그림책을 주로 읽어주고, 너서리 라임을 유튜브로 들려주고, 스타폴(www.starfall.com, 영어 학습 사이트)을 가끔 하는 상태였습니다. 그런데 아이가 상당히 유창하게 영어로 말을 걸었지요. 더 놀라웠던 것은 나중에 그 엄마의 영어 발음을 듣고 나서였습니다. 아이의 엄마는 발음이 나쁜 정도가 아니라 특정 영어 소리를 틀리게 발음하고 있었습니다. 그분 스스로도 영어 발음만 나쁜 것이 아니라 영어 실력도 그다지 좋지 않은 편이라고 하셨지요. 하지만 그 후로도 아이는 초등 고학년인 현재까지 뛰어난 영어 실력을 지닌 아이로 잘 자랐습니다.

영어를 못 읽고 기초 어휘를 모른다면 모를까, 고등교육을 받은 사람이라면 엄마표 영어를 충분히 진행할 수 있습니다. 아이는 어느 순간부터 부모를 앞질러 나갈 것입니다. 부모는 방향을 제시하고 아이의 성향에 맞는 학습 방법을 아이와 함께 노력해서 찾는 역할을 하면 됩니다. 그리고 지금처럼 오디오와 비디오 자료가 넘쳐나는 시대라면 아이는 다양한 형태와 방식의 입력을 받아들이므로 엄마가 주는 입력만으로 영어 학습에 지상을 받지는 않는답니다.

2부

1단계,
부모가 소리 내어 읽어주는
리드 어라우드

리드 어라우드,
영어와 친해지는 시간

'리드 어라우드(Read Aloud)'는 말 그대로 아이들에게 다양한 책을 소리 내어 읽어주는 것입니다. 책을 읽어주는 대상은 책을 못 읽는 어린아이뿐만 아니라, 스스로 책을 읽을 수 있는 아이나 청소년, 성인도 될 수 있습니다. 리드 어라우드는 책을 직접 소리 내어 읽어줌으로써 아이에게 책 읽기의 모델을 보여주는 효과가 있으며, 책 속의 지식을 전달하는 역할도 하지요. 무엇보다 아이와 함께 책을 읽으면서 아이와 부모 사이에 유대감을 높일 수 있답니다.

영어라는 언어에 대해 지식이 거의 없는 상태에서 영어 그림책으로 리드 어라우드를 시작할 때는 학습 효과에 큰 기대를 가지기보다 아이가 영어를 거부감 없이 받아들이고, 더 나아가 영어를 좋아하게 만드는 시작 단계라는 마음으로 접근하는 것이 좋습니다.

따라서 리드 어라우드 단계에서는 쉬운 그림책을 골라야 합니다. 많은 부모님들이 리드 어라우드를 영어 학습의 한 형태로 인식하고, 아이가 아는 단어가 주로 나오는 그림책은 학습 효과가 없을 것 같아서 고르고 싶어 하지 않는 경향을 보입니다. 하지만 리드 어라우드 단계는 아이가 처음으로 영어 그림책을 접하는 단계입니다. 모르는 단어가 거의 없어도 아직 영어라는 언어 구조에 익숙하지 않은 아이들을 위해 다양한 영어 문장을 들려주고, 영어를 원어 그대로 즐길 수 있도록 하는 것에 초점을 맞춰야 합니다.

유아용 그림책인 제니 바이넘의 『Kiki's Blankie』에는 "She never goes anywhere without her blankie…"라는 문장이 있습니다. 한글 번역을 아무리 잘 해도 저 문장 속에 있는 never, anywhere, without의 어감을 정확하게 살리기는 힘들 것입니다. 리드 어라우드의 목적이 '사과'나 '책상'처럼 의미가 명확한 어휘를 배우는 것뿐만 아니라, 문장 안에서 비로소 그 의미가 잘 전달되는 어휘를 익히고, 영어의 문장 구조를 체득하는 데에 있음을 잊지 말아야 합니다.

'쉬운 그림책'에는 아는 단어가 많이 나오는 책도 있지만, 모르는 단어가 제법 나오더라도 그림으로 내용을 충분히 짐작할 수 있는 책도 있습니다. 뒤에서 소개할 그림책 『It Looked Like Spilt Milk』가 대표적인 예이지요. 그림을 보고 글의 내용을 짐작하고, 모르는 단어의 의미도 추측하며 알아가는 것은 가장 효과적인 어휘 학습법 중 하나입니다.

그럼 리드 어라우드는 언제까지 해야 할까요? 저는 가급적 오랫동안 리드 어라우드를 할 것을 권하고 싶습니다. 여기서 '오랫동안'이라는 말은 한 번에 오래 읽어주기를 하라는 말이 아니고, 오랜 기간에 걸쳐서 리드 어라우드를 하라는 것입니다. 아이가 어리다면 자연스럽게 3년 이상 리드 어라우드를 할 수 있겠지요. 초등학생이고 어떤 형태로든 영어를 배우고 있다고 하더라도 최대한 오랜 기간에 걸쳐 집에서 리드 어라우드를 해주는 것이 좋습니다. 한글책과 다르게 영어책은 소리와 철자와의 관계를 알고 소리 내어 읽을 수 있거나 모르는 단어가 하나도 없더라도, 아이가 책의 내용을 이해할 수 없는 경우가 많습니다. "파닉스를 배웠으니 영어책도 이제 혼자 읽으렴!"이라는 말만큼 아이에게 가혹한 말이 없습니다. 가랑비에 옷 젖듯 꾸준히, 오랫동안 리드 어라우드를 해주는 것이 좋습니다.

 효과적인 리드 어라우드를 위한 준비사항

리드 어라우드는 아이에게 소리 내어 책을 읽어주는 단계로, 사실 특별한 독후 활동이 필요하지는 않습니다. 좋은 아이디어가 있으면 독후 활동을 진행하면 좋고, 독후 활동이 부담스럽다면 아이와 함께 편하게 책 읽기를 즐기는 데 초점을 맞추셔도 괜찮습니다. 다만, 책 읽기를 즐기기 위해, 부모님이 미리 알아두면 좋은 준비사항을 알려드릴게요.

첫째, 책의 주제 알아보기입니다. 책의 주제를 알면, 그림책을 읽을 때 해당 주제에 초점을 두고 책을 읽을 수 있습니다. 예를 들어, '감정'에 관한 그림책이라면, 주인공의 표정을 자세히 살펴보고, 아이와 함께 책을 읽으며 그런 감정이 든 원인에 대해 이야기해볼 수 있지요.

또한, 해당 주제와 같은 주제의 책을 연이어 읽어보는 활동도 할 수 있습니다. 감정을 주제로 한 그림책 『How Do You Feel?』과 『Colour Me Happy!』에는 여러 개의 감정 관련 단어가 중복해서 나옵니다. 두 권의 책을 연속해서 읽으면 감정 관련 어휘를 폭넓게 익히고, 중복된 단어들을 각기 다른 문장과 상황에서 접함으로써 넓고 깊게 해당 어휘를 익힐 수 있습니다.

이 책에서는 영어 그림책을 소개하면서 주제를 함께 제시하고, 주제별 그림책 리스트도 따로 정리하여 부록으로 수록하였습니다. 추천하는 책들을 읽다 보면, 자연스럽게 그림책의 주제를 파악할 수 있게 되고, 같은 주제의 책을 같이 읽는 방식에도 익숙해질 것입니다.

둘째, 미리 읽어보기입니다. 아이에게 책을 읽어주기 전에 부모가 먼저 여러 차례 읽으면서 그림을 찬찬히 살펴보고, 어느 부분을 어떻게 읽을지 미리 생각하는 시간을 가져보세요. 앤서니 브라운은 "그림책은 글과 그림 사이의 간격을 독자가 상상력으로 메우는 완전히 새로운 문학 장르"라고 그림책을 정의한 바 있습니다. 영어 그림책은 '영어' 책이기도 하지만, 본질은 '그림책'입니다. 그림을 어떻게 볼 것이냐에 따라 완전히 새로운 내용이 되기도 하지요. 더욱이 근래에 출간된 수준 높은 그림책들을 생각해볼 때 미리 읽어보기는 반드시 필요한 과정입니다. 바쁜 부모님들을 위해 한 가지 다행인 점은 리드 어라우드 하는 책의 권수가 늘어날수록 미리 읽어보기 시간도 줄어든다는 사실입니다.

셋째, 좋아하는 책으로 리드 어라우드 하기입니다. 전문가나 전문기관의 추천도서는 말 그대로 '추천'에 불과합니다. 아무리 좋은 책이라도 책을 읽어주는 '내'가 흥미를 느끼지 못한다면 아이에게 내용을 제대로 전달하기 힘듭니다. 저는 앤서니 브라운이나 에릭 칼의 책을 좋아하지 않는 분들을 종종 보는데, 신기하게도 그분들의 자녀 역시 그 작가들의 책을 좋아하지 않는 경우가 많더군요. 어떤 그림책이 정말 재미있다면, 나의 즐거움과 흥분이 책을 읽어줄 때 아이에게 그대로 전달되며 덩달아 아이도 그 책을 좋아하게 될 것입니다. 거꾸로, 책의 내용에 공감하기 어렵거나 그림이 마음에 안 들어서 내키지 않는 그림책이라면 과감하게 내려놓으셔도 좋습니다.

한 가지 예외가 있다면, 엄마의 취향 못지않게 중요한 아이의 취향입니다. 6살 다니엘은 '우주'라는 주제를 정말 좋아하는 아이였습니다. 우주 관련 한글 그림책과 국내에 수입된 영어 그림책을 다 읽고도 부족해서 아마존을 통해 관련 그림책을 구해서 엄청나게 읽은 아이였지요. 그 덕분에 다니엘의 영어 실력은 상당히 뛰어났습니다. 조금 특별한 예이기는 하지만, 학습자의 자발적 동기가 얼마나 중요한지 보여주는 대표적인 사례입니다. 엄마가 관심이 없더라도 아이가 좋아하는 분야가 있다면, 아이의 취향을 존중하고 해당 분야의 다양한 책들을 찾아보는 노력도 필요합니다.

마지막으로, 어려운 책 내려놓기입니다. 엄마인 내가 이해하기 어려운 책이라면 그냥 내려놓으셔도 됩니다. 아이에게 책을 읽어주다 보면 아이에게 설명하기 힘든 문장을 만나기도 하지요? 진짜 어려운 영어 문장일 수도 있고, 무슨 뜻인지 알겠지만 설명하기 곤란한 문장일 수도 있지요. 예를 들어, 프레드 그윈의 『A Chocolate Moose for Dinner』라는 책에는 "Mommy says her favorite painter is Dolly.(엄마가 제일 좋아하는 화가는 인형이래요.)"라는 표현이 나옵니다. 엄마는 초현실주의 화가 달리(Dali)를 말했지만 아이는 dolly, 즉 인형으로 알아들은 것이지요. 이 그림책은 영어의 관용적 표현과 동음이의어가 많이 나오는 책인데, 제법 열심히 파고들지 않고는 정확하게 내용을 이해하기 어렵습니다. 어렵다고 느껴지는 책은 과감하게 내려놓으세요. 엄마표 영어는 장기전인데 책 한 권 한 권에 에너지를 너무 많이 쏟아내면 지쳐서 금방 포기하고 싶어지니까요.

물론 너무 정확하게 해석해주지 않아도 괜찮습니다. 『Duck! Rabbit!』에는 "Thing is, now I'm actually thinking it was a duck."이라는 표현이 나옵니다. "사실, 지금 생각해보니 그건 오리였던 것 같아." 정도로 해석할 수 있는 문장입니다. 이렇게 전체적으로 무슨 뜻인지는 알겠으나 단어 하나하나의 뜻을 명확하게 알려줄 수 없는 경우는 '대략 이런 뜻이야'라고 아이에게 말하고 넘어가면 됩니다.

언어란 원래 이렇게 모호함을 지니고 있습니다. 우리가 '몸이 으슬으슬 춥다'라는 표현을 영어로 명확하게 옮기지 못하듯이 말이지요. 그리고 아이들은 완벽하지 않은 엄마의 모습에 의외로 더 편안함을 느끼고 좋아한답니다.

영어 그림책의 읽기 전 활동, 꼭 해야 할까?

리드 어라우드 단계에서 아이에게 책을 읽어주기 전에 뭔가 특별한 활동을 해주어야 하는지 많이 물어보십니다. 이에 대해서는 '필요한 경우가 있다!' 정도로 알아두시면 좋겠습니다.

읽기 전 활동은 아이가 책 내용을 보다 잘 이해할 수 있도록 꼭 필요한 지식을 사전에 전달하는 것입니다. 주로 책 속 상황과 등장인물을 더 잘 이해할 수 있도록 도와주는 경험적 지식 전달과, 어휘나 영미권의 문화적 배경 지식 등 영어적 지식 전달로 나눌 수 있습니다. 이 책에서 정리하고 있는 내용들은 경험적 지식보다는 영어적 지식에 가깝습니다.

『Good Night, Gorilla』와 『There Are Cats in This Book』, 『You Are (Not) Small』처럼 읽기 전 활동 없이도 책을 이해하는 데에 어려움이 없는 책들이 있습니다. 반면, 읽기 전 활동을 되도록 하는 것이 좋은 경우도 있습니다. 『Rhyming Dust Bunnies』의 경우, 라임 자체를 잘 이해하고 있어야 책 속 등장인물인 밥(Bob)의 말이 초래한 상황을 이해하고 즐길 수 있습니다. 『Tap the Magic Tree』도 마찬가지인데, 책 속 명령어를 이해하지 못하면 책장을 넘길 수 없으므로 책 속 동작 동사들을 미리 알려주는 읽기 전 활동이 필요합니다.

물론 『Goodnight Moon』처럼 읽기 전 활동을 해도 되고 안 해도 되는 책들도 있습니다. 『Goodnight Moon』을 읽기 전에 '헤이 디들 디들(Hey

Diddle Diddle)'과 라임에 대해 미리 알려준다면 아이가 "cow jumping over the moon"이라는 책 속 표현을 익숙하게 받아들일 수 있겠지요. 하지만 아이가 책을 읽는 동안 자연스럽게 라임에 대해 깨닫는 경우도 많습니다. 읽기 전 활동을 하지 않아도 내용을 이해하는 데에 큰 지장은 없으며, 책을 읽은 후에 '헤이 디들 디들', 라임에 대해 정리 삼아 이야기해도 괜찮습니다.

 리드 어라우드 단계에서 읽으면 좋은 그림책

리드 어라우드 단계에 적합한 그림책 15권을 소개하겠습니다. 리드 어라우드 단계에서 읽기에 좋은 그림책들이 많지만, 특별히 이곳에서 소개하는 15권의 그림책은 영어 그림책을 별로 안 좋아하는 아이들도 좋아할 수밖에 없는 재미있는 내용인지를 우선적으로 고려하여 고른 책들입니다. 또한, 취학 전 아동부터 초등 저학년까지, 리드 어라우드를 시작하는 다양한 연령대의 아이들을 고려하여 인지 수준과 상관없이 모두가 즐길 수 있는 책으로 범위를 줄였습니다.

배치 순서에도 기준을 정했습니다. 렉사일 지수에 기반한 텍스트의 난이도와 제가 아이들에게 그림책을 읽어주며 느낀 난이도를 고려해서 쉬운 순서대로 나열했습니다.

리드 어라우드는 아이도 엄마도 모두 영어 그림책을 시작하는 단계라 그림만으로 내용을 충분히 이해할 수 있고 엄마들이 읽어주기에도 쉬운 책을 제일 먼저 소개했습니다. 뒤로 갈수록 조금씩 난이도가 높아집니다만, 기본적으로는 모두 영어 초보자들에게 읽어주어도 어렵지 않은 그림책들입니다.

소개하는 그림책들은 15권 모두 주제가 다릅니다. 각 그림책마다 수준이 비슷한 같은 주제의 연관도서들을 함께 제시하고 있으니, 같은 주제 안에서 여러 권의 책을 읽어 해당 주제에 대한 생각을 다지고 어휘력을 기르는 데 도움이 되었으면 좋겠습니다. 또한, 리드 어라우드 샘플 동영상을 QR코드로 모두 넣었으니, 동영상을 활용하여 아이와 책 읽기를 진행하는 데 참고하시기 바랍니다.

1단계 그림책 01

『GOOD NIGHT, GORILLA』
글, 그림 Peggy Rathmann

유머와 반전의 잠자리 동화

- 렉사일: BR50L
- 주제: 동물원의 동물, 잠자리 동화
- 어휘: Good night(잘 자), gorilla(고릴라), lion(사자), giraffe(기린), hyena(하이에나), armadillo(아르마딜로)

▶ 『Good Night, Gorilla』는 1994년 출간 당시에도 사랑을 받았지만 세월이 지나면서 더욱 열렬한 사랑을 받고 있는 특별한 책입니다. 아주 쉬우면서도 볼 때마다 새로운 것을 알아차리게 되는 멋진 책이지요. 이 책의 저자 페기 래쓰먼은 여러 겹의 시각적 정보가 담긴 그림책을 만들어 독자가 그동안 경험하지 못했던 새로운 방식으로 책을 읽을 수 있도록 하고 싶다고 밝힌 적이 있는데, 그 말처럼 이 책 역시 여러 가지 해석이 가능합니다.

동물원에서 살고 있는 장난꾸러기 아기 고릴라가 주인공입니다. 분명히 영어 그림책인데 영어라고는 "Good night, (동물 이름)"이라는 문장만 19번 나옵니다. 밤하늘과 동물 그림으로 자연스럽게 내용이 이해되기 때문에 우리말로 해석할 필요도, 아이가 부담을 느끼는지 살필 필요도 없지요.

하지만 이 단순한 글이 페기 래쓰먼의 그림과 만나 유머와 반전이 가득한, 세상 멋진 잠자리 동화가 되었습니다. 왜냐하면 이 책에는 서너살 아이는 물론이고 인지 수준이 높아 그에 맞는 영어 그림책을 찾기 어려운 초등 저학년들도 즐길 수 있는 다양한 이야깃거리가 담겨 있기 때문이랍니다.

우선 표지부터 심상치 않습니다. 표지에는 책의 본문 어디에도 없는 그림이 나와서 책의 전체적인 내용을 암시하고 있습니다. 아기 고릴라가 독자들을 보며 '쉿' 하는 모습과 밤하늘 아래 눈이 반쯤 감긴 사육사가 그려진 표지의 모든 정보를 조합해보면, 졸린 사육사를 골탕 먹이는 영악한 아기 고릴라의 소동으로 보이지요?

이렇게 이미지를 보면서 그 속에 담긴 의미를 파악하는 것이 바로 비주

얼 리터러시(Visual Literacy)입니다. 우리 아이들이 앞으로 살아갈 세상은 이미지 정보로 가득찬 세상입니다. 이미지가 담고 있는 정보를 빠르고 정확하게 파악하는 능력이 점점 중요해지고 있지요. 그림책은 이런 비주얼 리터러시를 익히는 데에도 가장 완벽한 도구입니다.

눈이 반쯤 감긴 사육사는 졸려서 어서 자러 가고 싶은 마음밖에 없습니다. 마지막으로 동물원을 한 바퀴 돌고, 잘 자라며 동물들에게 인사를 건넵니다. 집에 도착해서는 어찌나 졸리운지 아내의 얼굴을 보지도 않고 인사만 하고 잠이 들어버립니다. 사육사의 아내도 눈을 감은 채 "Good night." 이라고 인사를 하네요. 두 사람 모두 장난꾸러기 아기 고릴라가 열쇠를 훔쳐서 우리를 열고, 동물원의 동물들과 함께 침실까지 따라온 것을 보지 못했지요.

그런데 아내의 인사에 답하는 7번의 "Good night"! 불 꺼진 침실에 울리는 다양한 톤의 굿나잇 인사가 검은 바탕에 하얀색 말풍선으로 재미있게 표현되어 있습니다. 아이와 책을 읽으며 이 말풍선은 누구의 말풍선인지 알아맞추는 것도 재미있겠지요?

이야기의 처음부터 나오는 보라색 풍선과 생쥐, 그리고 바나나에도 관심을 기울여주세요. 거의 모든 페이지에 시간의 흐름에 따라 멀리 날아가며 점점 작아지는 풍선 그림이 있습니다. 생쥐와 바나나는 모든 페이지에 나오는데, 처음에는 잘 안 보이다가 뒤로 갈수록 비중이 커져 마지막 페이지에서는 그 존재감이 확 드러납니다. 그래서 아이들이 책을 두 번, 세 번 반복해서 읽으며 그때마다 새로운 그림을 찾아내는 소소한 재미도 있답니다.

---

* 함께 읽으면 좋아요!

동물원을 주제로 한 그림책
『Dear Zoo』 글, 그림 Rod Campbell
『Color Zoo』 글, 그림 Lois Ehlert

1단계
그림책
02

『HOW DO YOU FEEL?』
글, 그림 Anthony Browne

앤서니 브라운의 감정 그림책

- 렉사일: 560L
- 주제: 감정
- 어휘: bored(지루한), guilty(죄책감이 드는), curious(궁금한), surprised(놀란), confident(자신만만한), shy(수줍은), worried(걱정스러운), silly(우스꽝스러운), full(배가 꽉 찬)

아이의 감정과 이를 표현하는 색깔의 조합이 돋보이는, 미적 감수성을 한껏 높일 수 있는 책입니다. 앤서니 브라운은 감정을 가장 잘 나타내는 색깔을 배경색으로 하고, 그림의 선명도와 크기를 조정해서 이미지만으로도 주인공의 감정이 잘 전달되도록 그림을 그렸습니다.

본문에서 "Well, sometimes I feel **bored**….(난 가끔 지루함을 느껴.)"라는 글이 나오는 페이지는 전체 그림이 밋밋하고 흑백으로 표현되어 있습니다. 모퉁이에 쌓여 있는 장난감과 눈을 감고 팔짱을 낀 주인공의 모습에서 지금 가지고 있는 장난감에 흥미를 잃었다는 것을 알 수 있지요. 새로운 장난감을 원하는 아이의 마음을 재미있게 표현했다는 점과 글자에서 bored 부분만 굵게 처리해서 핵심이 되는 어휘를 강조한 점이 눈에 띕니다.

페이지를 넘기면 하얀색을 배경으로 두 손을 모으고 서 있는 아이 그림이 나옵니다. 아이의 크기는 전체 페이지가 휑뎅그렁하게 보일 만큼 작습니다. 아이 뒤로 쭉 늘어진 그림자가 쓸쓸함을 더합니다. "and sometimes I feel lonely.(그리고 어떨 때는 외롭기도 해.)"에서 lonely라는 글자는 다른 글자와 동떨어져 다른 페이지에 아주 작게 적혀 있어요. 글자도 그림처럼 형태가 의미를 강조하게끔 사용되었습니다.

"I can also feel shy.(난 가끔 부끄럽기도 해.)"를 나타내는 그림은 주인공의 윤곽선을 흐릿하게 처리하고 파스텔톤의 연한 색깔을 사용해서 주인공의 여린 마음을 간접적으로 표현했습니다. 또한 무대를 배경으로 여러 사람 앞에 혼자 서 있지만, 그림에서 긴장과 두려움보다는 수줍음이 느껴집니다. 앤서니 브라운은 이렇게 그림의 색깔, 명도와 채도, 그림자의 모양,

글자의 크기와 모양 및 배치를 통해 자연스럽게 의미가 잘 전달되도록 책을 만들었습니다. 아직 영어에 익숙하지 않은 아이들이라도 이 책을 읽으며 자연스럽게 그 뜻을 짐작할 수 있지요.

이 멋진 그림책은 그림을 즐기며 읽는 것만으로도 충분하지만 작가가 친절하게 만들어놓은 마지막 페이지에 시간을 조금 더 할애해도 좋습니다. 그동안의 장면이 한꺼번에 나와서 책의 내용을 한 번에 복습하기 좋기 때문이지요. 마지막 페이지를 펼쳐놓고 "How do you feel?", "I feel…" 문장을 계속 연습하거나 엄마가 "I feel…"이라고 말하면 아이가 해당 그림을 찾도록 유도해도 좋습니다.

『How Do You Feel?』을 다 읽고 나면, 감정을 주제로 한 다른 그림책을 읽어서 감정 관련 표현을 폭넓게 배울 수 있습니다. 『Colour Me Happy!』는 "When I'm angry, colour me red.(화가 나면 나를 빨간색으로 칠해.)"와 같은 문장이 반복적으로 나오는 책입니다. 만약 『How Do You Feel?』과 『Colour Me Happy!』를 연이어 읽는다면, 두 권의 책을 통해 총 17개의 감정 관련 어휘—lonely, guilty, curious, surprised, confident, shy, silly, worried, hungry, full, sleepy, sunny, funny, bouncy, brave, jealous, dreamy—를 만나게 됩니다. 특히 두 책에 모두 나오는 4개 어휘, happy, sad, angry, bored는 각기 다른 문장과 상황에서 반복적으로 접할 수 있어 깊이 있는 어휘 학습이 이루어집니다.

* 함께 읽으면 좋아요!

감정을 주제로 한 그림책
『The Feelings Book』, 글, 그림 Todd Parr
『The Color Monster: A Pop-Up Book of Feelings』 글, 그림 Anna Llenas
『Colour Me Happy!』 글 Roddie Shen, 그림 Ben Cort

1단계
그림책
03

『IT LOOKED LIKE SPILT MILK』

글, 그림 Charles Shaw

70년간 사랑받아온 아름다운 그림책

렉사일: 180L

주제: 구름, 창의성

어휘: spilt(쏟아진), great horned owl(수리부엉이), mitten(장갑), squirrel(다람쥐), angel(천사), cloud(구름)

▶　　『It Looked Like Spilt Milk』는 아이의 상상력을 자극하는, 아름다운 그림책입니다. 그림만으로 내용을 충분히 이해할 수 있어 영어가 낯선 아이에게도 쉽게 읽어줄 수 있는 책입니다. 아이와 함께 그림을 보며 이것은 무슨 모양인지 이야기하며 읽어주는 것이 좋습니다.

책은 파란색과 흰색, 딱 두 가지 색깔만 쓰고 있는데, 짙은 파란색 위에 그려진 흰 그림과 흰 글자가 마음을 편안하게 해줍니다. 표지를 넘기면 "Sometimes it looked like Spilt Milk. But it wasn't Spilt Milk.(저건 가끔 우유가 엎질러진 것처럼 보여. 하지만 엎질러진 우유는 아니야.)"라는 문장으로 시작합니다. 여기서 'it'이 무엇인지는 마지막 페이지까지 나오지 않습니다. 그 다음 페이지는 토끼 모양의 하얀 그림이 나오고, 뒤를 이어 bird, tree,

ice cream cone, flower, pig, birthday cake, sheep, great horned owl, mitten, squirrel, angel 모양이 나옵니다. 줄곧 같은 문장 패턴을 사용하는데, 뒤로 갈수록 아이들은 이 하얀 모양들이 모두 구름이라는 것을 알아차리게 되지요.

이 책을 읽고 나면, 하늘 위 구름을 유심히 보게 됩니다. 아이와 같이 하늘을 올려다보며 구름 모양을 가지고 이야기를 나눌 수도 있지요. 스마트폰과 꼭 붙어 있는 삶 속에서 아날로그적 감성을 느낄 수 있게 해주는 것만으로도 충분히 가치가 있는 책이며, 바로 이런 이유로 책이 출간된 지 70년이 지났음에도 여전히 아이들에게 사랑받고 있는, 그림책의 고전입니다.

하지만 현란한 화면에 익숙해진 아이들에게 별다른 반응을 이끌어내지 못할 수도 있습니다. 만약 그렇다면 이런 활동을 해보는 것도 좋습니다. 질

우유로 다양한 모양 만들기

은색 바탕의 그릇에 우유를 부어 책에 나온 모양을 만들어보세요. 책을 펼쳐 각 페이지에 있는 이미지들을 손가락으로 세심하게 만들다 보면 좋은 영어 표현도 익힐 수 있고(부모가 옆에서 책의 내용을 자연스럽게 읽어주면 좋습니다), 창의력도 키울 수 있지요. 처음에는 책에 있는 이미지로 시작하지만 나중에는 스스로 새로운 이미지를 만들며 즐기게 됩니다.

*함께 읽으면 좋아요!

구름을 주제로 한 그림책
『Little Cloud』 글, 그림 Eric Carle
『Rain』 글 Robert Kalan, 그림 Donald Crews

1단계
그림책
04

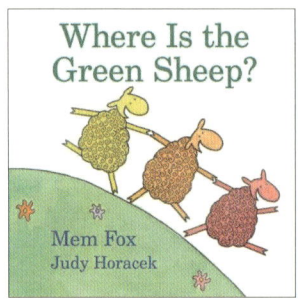

『WHERE IS THE GREEN SHEEP?』
글 Mem Fox, 그림 Judy Horacek

어떤 답을 말해도 정답이 되는 마법

렉사일: AD140L

주제: 색깔, 반대말

어휘: brave(용감한), scared(겁먹은), wide(뚱뚱한), thin(마른), far(멀리), near(가까이), swing(그네), slide(미끄럼틀), band(음악밴드), clown(광대), fast asleep(곤히 잠든)

그림책을 보는 두 명의 독자, 즉 책을 읽어주는 부모와 책을 보는 아이를 모두 배려한 특별한 책입니다. 영어를 전혀 모르는 아이도, 영어책 읽기를 제법 한 아이도, 영어를 어느 정도 하는 어른도 모두 즐겁게 읽고 동참할 수 있다는 점이 이 책의 가장 큰 매력입니다.

책 읽기에 들어가기 전에 앞뒤 표지를 활짝 펼쳐보면, 제목 색깔은 초록색인데 빨강, 주황, 노랑 양들과 파랑, 보라 양들 사이에 뭔가가 빠져 있는 걸 볼 수 있어요. 무지개 색깔을 아는 아이라면 무슨 색깔의 양이 빠졌는지 금방 알 수 있지요. 그리고 그것이 바로 책의 제목이기도 합니다.

첫 문장은 이렇습니다. "Here is the blue sheep.(여기에 파란 양이 있어.)" 그다음 문장은 이렇고요. "And here is the red sheep.(여기에 빨간 양이 있어.)" 표지나 제목을 봐도 그렇고, 이 책의 주제는 색깔이구나 싶지요? 그런데 바로 다음에 "Here is the bath sheep.(여기 목욕하는 양이 있어.)"이 나오면서 독자의 예상을 깨버립니다. 연이어 색깔, 반대말, 교통기관, 날씨 등 한 주제에서 다른 주제로 휙휙 바뀌지요.

이렇게 주제가 일관되지 않으면, 다음 페이지를 예측하거나 책 읽기에 아이의 참여를 유도하기가 어려울 수도 있는데, 다행히 이 책은 아이가 어떤 말을 해도 정답입니다. 하얀 양이 침대에 앉아 책을 읽고 있는 페이지가 있습니다. "Here is the bed sheep.(여기 침대 양이 있어.)"이라고 쓰여 있지만, white sheep, book sheep 모두 정답이 될 수 있습니다. 아이가 자유롭게 양의 이름을 정하면서 책을 읽을 수 있도록 격려해주세요. 자신감도 생기고 책 읽기가 더 즐거워집니다.

　이 책에는 어른을 위한 장치도 있습니다. 영화 〈사랑은 비를 타고〉의 주제가 'I'm singing in the rain' 속 인상적인 장면을 묘사한 rain sheep이 나옵니다. 달에 깃발을 꽂는 moon sheep은 닐 암스트롱을 연상시키고요, 별 위에 있는 양 star sheep은 '반짝반짝 작은 별' 춤을 추고 있네요.

　중간중간 "But where is the green sheep?(그런데 초록 양은 어디 있지?)"이라고 묻는 것을 잊지 않은 작가 덕분에 계속 초록 양을 찾다가 갑자기 스물다섯 마리의 양을 한 페이지에서 만나는데, 정말 할 말이 많은 장면입니다. 물에 비친 자기 얼굴을 보고 씩 웃고 있는 양, 깃털로 날개를 만들어 날고 있는 양은 그리스 로마 신화에 나오는 나르키소스와 이카로스를 연상시키지요. 넥타이 매고 서류가방 들고 휴대전화로 통화하는 양은 늘 바쁜 아빠를 떠올리게 하고요. 아이마다 다른 배경 지식과 경험을 가지고 있으니 모두 다른 이름을 붙일 수 있고, 모두 멋진 이름 짓기가 된답니다! 마지막 페이지의 귀여운 결말까지 읽고 나면, 책을 읽은 것이 아니라 한바탕 재미있게 논 기분입니다.

책을 읽으면서 책 속 어휘의 주제를 확장해서 말해보면 좋습니다. 반대말, 날씨, 놀이터, 교통기관, 집에 관한 어휘가 나오는데요, 날씨를 예로 들어보면 책에 sun, rain, wind가 나왔으니 cloud, storm, cold, warm, hot, thunder, lightning 등으로 확장해볼 수 있습니다. 놀이터 주제의 어휘로는 책에 나온 swing, seesaw, slide 이외에 merry-go-round(둥근 모양으로 돌리면서 여러 명이 타는 기구), sandbox(모래놀이 하는 곳), fence, bench 등이 있습니다. 교통기관 주제의 어휘로는 책에 나온 car, train, bike, boat 이외에 airplane, tricycle, ship, sailboat 등이 있고요.

이 책을 저와 함께 읽었던 6살 수창이는 길을 나서며 구름 낀 하늘을 보더니 "엄마, Here is the cloud sheep."이라고 해서 아이 엄마와 제가 함께 웃었던 기억이 납니다. 이렇게 책에 나오는 어휘의 주제를 파악하고, 그 주제와 기본 문장 패턴을 활용해서 나만의 문장을 만들어보는 활동은 어휘력을 확장시키고 기본 문형을 익히는 데에 도움이 됩니다.

---

* 함께 읽으면 좋아요!

형용사와 반대말을 주제로 한 그림책
『Dogs』 글, 그림 Emily Gravett
『Quick as a Cricket』 글 Audrey Wood, 그림 Don Wood

1단계
그림책
0 5

『DOT』

글, 그림 Patricia Intriago

동그라미 하나로 표현하는 세상

- 아마존 추천 연령: 만 3~6세
- 주제: dot, 반대말
- 어휘: bounce(통통 뛰다), loud(시끄러운), quiet(조용한), yummy(맛있는), taste bad(맛없다), hurt(다친), heal(나은), got dots(동그라미를 가진), not dots(동그라미를 못 가진), twinkle(반짝거리다)

▶ 동그라미 하나로 이만큼 표현할 수 있다니! 앞표지에서 아침에 떠오르는 해로 시작된 동그라미가 뒷표지에서 밤하늘의 달로 끝맺기까지, 일상에서 일어나는 일을 동그라미만으로 기발하고 재치 있게 표현한 책입니다. 표지를 넘기면 면지 역시 앞면지는 푸른 하늘을, 뒷면지는 별이 반짝이는 밤을 표현합니다. 시간의 흐름을 따라가고 있지요.

이 책은 그래픽 디자인이 주는 미적 즐거움도 상당할 뿐만 아니라, 패턴화된 문장이나 반복적인 페이지 구성 등 그림책의 일반적인 구성을 과감하게 버리고 의미 전달에 집중하고 있다는 점에서도 특별합니다. 본문에 나오는 hurt dot(다친 동그라미), heal dot(나은 동그라미)은 단어의 첫소리, 즉 두운을 맞춘 경우입니다. 한글로 번역하니 밋밋하게 느껴지는데, 영어로는 아주 재치 있는 표현입니다. got dots(동그라미를 가진)-not dots(동그라미가 없는), there(저기)-everywhere(모든 곳에), bright(밝은)-night(밤)가 적혀 있는 페이지는 라임이 맞는 단어들로 동그라미를 표현한 경우입니다.

한편, go dot(가는 동그라미), stop dot(멈춘 동그라미)은 신호등의 색깔인 초록과 빨강으로 동그라미가 가진 의미를 전달하고요. This dot is yummy(이 동그라미는 맛있다), This dot tastes bad(이 동그라미는 맛없다)처럼 재미있는 표현도 있습니다. 맛있는 동그라미는 누군가가 아삭 베어 물은 모양 그대로, 맛없는 동그라미는 옆에 뱉어놓은 조각이 남겨져 있어요! 정말 기발한 표현이지요?

이 책은 미적 즐거움과 다양한 영어 표현은 물론이고, 우리의 숨은 목적인 학습 효과까지 최대한 가져갈 수 있는 책이랍니다. 낮과 밤의 대조에서

도 볼 수 있듯이 기본적으로 반대말을 동그라미로 표현하고 있는데, 직관적으로 전달되는 이미지와 반대말의 연상 효과가 합해져서 효율적인 어휘 학습이 가능합니다. 영어책을 거의 접해보지 않은 아이들부터 영어 그림책을 많이 본 아이들까지 모두 즐겁게 읽고 책의 내용을 기억할 수 있습니다. 여러 연구에 따르면 반대말을 이용해서 어휘를 배우면 연상 작용으로 상당히 높은 학습 효과를 기대할 수 있다고 합니다. 이 책을 통해 아이들은 최소한 25개의 어휘 표현을 익힐 수 있으니, 어휘력이 부족한 우리 아이들에게 꼭 맞는 책이라고 할 수 있습니다.

리드 어라우드 단계에서는 독후 활동을 하지 않아도 좋다고 말씀드렸지만, 이 책을 읽고 나서는 색종이로 간단하게 책의 내용을 재구성하는 활동을 해보셔도 좋습니다. 색종이 여러 장을 준비해서 손으로 찢거나 가위로 자르면서 간단하게 책의 내용을 복습할 수 있습니다. 나만의 'Dot'을 만들어보는 것도 좋습니다. 6살부터 8살 아이들 대상 수업에서 이 책을 읽고 나면 항상 색종이로 책의 내용을 되새기는 활동을 하는데, 책을 한 번만 읽어주어도 아이들이 절반 이상 내용을 기억해서 놀란 적이 많습니다. 그만큼 쉽게 내용을 기억할 수 있는 책이라는 뜻이지요. 그리고 독후 활동으로 색종이 활동까지 한다면 빠진 부분까지 꼭꼭 채워서 더 잘 기억하게 되겠지요.

---

* 함께 읽으면 좋아요!

반대말을 주제로 한 그림책
『The Hueys in What's The Opposite?』 글, 그림 Oliver Jeffers
『The Foot Book』 글, 그림 Dr. Seuss

**1단계
그림책
0 6**

『GOODNIGHT MOON』
글 Margaret Wise Brown, 그림 Clement Hurd

잠자리 동화의 고전

- 렉사일: AD360L
- 주제: 잠자리 동화, 라임
- 어휘: kitten(아기 고양이), mitten(장갑), young mouse(어린 쥐), comb(납작한 빗), brush(브러쉬), whisper(속삭이다), hush(쉿), a bowl full of mush(죽이 가득한 그릇)

▶   『Goodnight Moon』은 미국 도서관 사서들이 보는 잡지《스쿨 라이브러리 저널(SLJ)》100대 추천도서 중 4위, 뉴욕공립도서관(NYPL) 100대 추천도서 중 34위,《타임》지 100대 추천도서 중 3위, 전미교육협회(NEA) 교사가 뽑은 최고 도서 100권 중 5위를 차지하고 있는 그림책입니다. 출간된 지 70년이 지났음에도 여전히 최고의 잠자리 동화로 사랑받고 있는 이 책의 매력은 과연 무엇일까요?

이 책은 잠자리에 든 아기 토끼가 방 안의 모든 사물에게 굿나잇 인사를 건네는 아주 단순한 줄거리입니다. 그런데 여기에는 이 책의 저자인 마가렛 와이즈 브라운의 어린 시절 경험이 녹아 있습니다. 어느 날 침대에 누워 방 안에 있는 장난감과 사물에게 잘 자라는 인사를 하는 꿈을 꿨는데, 잠에서 깨자마자 급히 그 내용을 글로 남겨놓았다고 합니다. 그 기록이 훗날 『Goodnight Moon』이라는 책으로 나온 것이지요. 어떤 교육적 의도 없이 자신의 어린 시절 모습을 그대로 되살려서 만든 책이기 때문에 말 그대로 살아 있는 책이고, 그 진정성으로 70년 동안 전 세계 아이들의 잠자리 동화가 되었지요.

잠자리 동화인 만큼 정적인 방 안 풍경이 나옵니다. 얼핏 같은 배경이 계속 나오는 것 같은데, 자세히 보면 그 속에서 크고 작은 변화들이 있어서 이야기의 재미를 더합니다. 우선, 시간의 흐름에 따라 달은 점점 높이 떠오르고, 시곗바늘은 7시부터 8시 10분까지 서서히 움직이며, 방은 차츰 어두워집니다. 그래서 이 책을 읽을 때는 페이지가 넘어갈수록 점점 작고 느린 목소리로 책을 읽어주면 좋습니다.

페이지마다 바뀌는 등장인물의 자세와 위치도 재미있는 요소입니다. 숨바꼭질하듯이 돌아다니는 생쥐를 찾는 재미가 쏠쏠하지요. 가만히 침대에 누워 있는 것 같은 아기 토끼도 자세가 조금씩 달라집니다. 방 안에 있는 모든 사물들을 하나씩 바라보며 "Goodnight!"이라고 말하기 때문이지요. 잠자리 동화라서 차분하게 읽으며 아이를 재워야 하는데 이런 그림 이야기를 하면 아이 잠이 확 달아나는 부작용(?)이 있답니다.

이 책에는 세 개의 다른 이야기도 숨어 있습니다. 골디락스와 곰 세 마리(Goldilocks and the Three Bears), 달아나는 토끼(The Runaway Bunny), '헤이 디들 디들'인데, 모두 벽에 붙은 액자에 표현되어 있답니다. 동화 골디락스와 곰 세 마리는 "Goodnight bears, Goodnight chairs.(곰들아, 잘 자. 의자야, 잘 자.)"로, '헤이 디들 디들'은 "Goodnight cow jumping over the moon.(달을 뛰어넘는 소야, 잘 자.)"이라는 표현으로 책 속에 녹아들었습니다.

'헤이 디들 디들'은 리듬과 라임에 초점을 두고 운율감을 즐기면서 부르는 넌센스 라임입니다. 영미권에서 가장 유명한 라임 중 하나인데 내용의 연결성이 거의 없어서 처음 가사를 접했을 때 약간 당황스러울 수도 있습니다. 하지만 영어 그림책 중에 이 라임에 나오는 캐릭터들을 주인공으로 한 경우가 많습니다. 그만큼 널리 알려진 노래이므로 아이와 함께 부르며 익혀보세요.

이 책은 라임이 같은 단어가 연달아 나와서 쉽게 알아차리고 리듬에 맞게 읽어줄 수 있습니다. 다만 bears-chairs, kittens-mittens, clocks-socks처럼 복수 형태로 라임이 맞는 단어들은 조금 신경써서 읽어주셔야 합니다.

영어는 한국어와 달리 복수형을 명확하게 표현하므로, bear-chair처럼 끝 소리를 빼고 읽지 않도록 주의를 기울이는 것이 좋습니다.

Hey Diddle Diddle

Hey Diddle Diddle, (헤이 디들 디들)

The cat and the fiddle, (바이올린을 켜는 고양이)

The cow jumped over the moon. (달을 뛰어넘는 소)

The little dog laughed, to see such fun, (그걸 보고 웃는 개)

And the dish ran away with the spoon. (접시는 숟가락과 도망을 가네)

---

* 함께 읽으면 좋아요!

마거릿 와이즈 브라운과 클레먼트 허드의 다른 그림책
『The Runaway Bunny』 글 Margaret Wise Brown, 그림 Clement Hurd
『My World』 글 Margaret Wise Brown, 그림 Clement Hurd

영어에서 라임은 왜 중요할까?

　라임(Rhyme)은 영어 단어에서 마지막 모음 이후를 일컫는 말입니다. 예를 들어, bunny의 라임은 /i:/라서 같은 라임을 가진 어휘로는 happy, sunny, baby, tree, sea, donkey 등이 있습니다. bunnies의 라임은 babies, trees, donkeys 등이 되겠지요? 라임은 위의 예와 같이 '소리'에 초점을 두고 있기 때문에 철자는 같을 수도 있고 다를 수도 있습니다.

　영어라는 언어는 단어의 첫소리인 두운과 함께 라임을 즐길 수 있어야 그 언어 고유의 리듬을 즐기고 그 맛을 살려서 말할 수 있습니다. 그런데 한글에는 라임이라는 개념이 없어서 우리 아이들이 라임을 처음 접했을 때에는 이해하기 어려워하는 경우가 많습니다. 혹은 라임이 같은 단어들은 소리가 귀에 감기고 쉽게 같은 그룹으로 묶을 수 있다는 것은 이해하게 되더라도, 라임을 즐기고 자연스럽게 사용하게 되기까지는 시간이 많이 걸리지요.

　사실 라임과 유사한 개념이 우리말에도 있기는 합니다. '치, 치, 치자로 끝나는 말은? 김치, 멸치, 참치, 여치…' 같은 말놀이가 있지요. 그리고 최근에는 한국어이지만 라임을 맞추고 있는 가요들이 제법 나오기도 합니다. 예를 들면, 에픽하이의 '빈차'처럼요. "갈 길이 먼데 빈차가 없네. 비가 올 것 같은데. 처진 어깨엔 오늘의 무게." 타블로가 쓴 가사인데, 기가 막히게 라임이 맞지요? '데, 네, 게'라니. 그러면서 의미까지 맞추다니 말입니다.

　라임을 배울 수 있는 가장 좋은 방법은 무엇일까요? 바로 마더구스(너서리 라임)를 통해 라임이 잘 녹아 있는 노래나 챈트를 배우거나, 라임이 잘 맞는 그림책을 읽는 것이랍니다. 마더구스에 대해서는 뒤에서 좀 더 자세히 알려드리겠습니다.

• 라임을 잘 살리는 그림책 작가들

닥터 수스(대표작 『The Cat in the Hat』, 『Green Eggs and Ham』)

마거릿 와이즈 브라운(대표작 『Goodnight Moon』, 『The Runaway Bunny』)

루드비히 베멀먼즈(대표작 『Madeline』 시리즈)

줄리아 도널드슨(대표작 『The Gruffalo』, 『Room on the Broom』)

애나 듀드니(대표작 『Llama Llama』 시리즈)

재닛 알버그(대표작 『Each Peach Pear Plum』, 『The Jolly Postman』)

샌드라 보인튼(대표작 『Moo, Baa, La La La!』, 『The Going to Bed Book』)

1단계 그림책 07

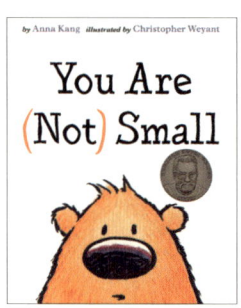

『YOU ARE (NOT) SMALL』
글 Anna Kang, 그림 Christopher Weyant

나는 나! 자존감을 키워주는 책

- 렉사일: 60L
- 주제: 자존감, 비교
- 어휘: small(작은), big(큰), boom(쿵), hairy(털이 많은)

❱ 이 책의 저자 애나 강은 한국계 미국인입니다. 미국 사회에서 동양인으로 살아가면서, 어렸을 때부터 늘 "작다"(small or petite)는 소리를 들었다고 합니다. 옷은 항상 특별히 사이즈가 작은 코너(special petite section)나 더 어린 연령을 위한 코너에 가서 사야 했기 때문에 또래 아이들과 다른 외모를 의식하지 않을 수 없었지요.

하지만 9살 여름방학에 한국을 방문하면서 사고의 틀이 바뀌는 엄청난 경험을 하게 됩니다. 어느 상점에 가도 9세 사이즈가 몸에 꼭 맞는 경험 말입니다. 그리고 거리에서 만나는 사람들과 TV나 잡지에 나오는 사람들이 자신과 똑같은 얼굴, 머리색, 눈의 색깔을 가지고 있다는 것을 알게 되지요. '나는 평범하다(normal)'라는 자각은 이후 애나 강의 삶에 큰 영향을 미쳐서 나는 "다른"(other or different) 것이 아니라 나일 뿐이라는 자기 정체성을 확고히 하게 되었다고 합니다.

『You Are (Not) Small』은 큰 동물과 작은 동물이 서로 "넌 작아!", "넌 커!"를 외치며 다투는 것으로 시작합니다. 한창 다투는 와중에 더 큰 동물과 더 작은 동물이 나타납니다. 둘은 그제야 "넌 작으면서도 크구나!", "넌 크면서도 작구나!"라며 같이 밥 먹으러 걸어가는 것으로 끝나는 내용입니다.

이 책을 읽는 목적은 앞서 나온 그림책들처럼 동물, 색깔, 감정 등 특정 주제의 어휘를 익히는 데 있지 않습니다. 그보다는 특정 단어를 강조해서 읽으며 그림과 함께 이야기의 흐름을 따라가다 보면 자연스럽게 영어의 감을 익힐 수 있는 책이지요.

'영어의 감'이라니, 참 막연한 이야기이지요? 영어의 어휘는 동물이나 사

물 등 그 의미가 명확한 '내용어'와 is, not, could 등 문장 안에서 그 의미가 살아나는 '기능어'로 나눌 수 있습니다. 『You Are (Not) Small』은 내용어보다는 문장 안에서 익혀야 그 쓰임을 정확히 이해하고 활용할 수 있는 기능어가 많은 책입니다. 내용어는 학습으로 단기간에 쉽게 익힐 수 있지만, 기능어는 다양한 문장을 접하면서 서서히 그 쓰임을 알아가기 때문에 훨씬 시간이 많이 걸립니다. 그리고 기능어는 내용어보다 숫자는 적지만 문장에서 더 빈번하게 사용되기 때문에 대부분 통문자로 외우는 것이 좋습니다. 이런 이유로 영어가 낯선 우리 아이들에게 영어의 감을 익히기에 좋은 책이고, 영어가 모국어인 아이들에게는 혼자 읽기를 연습하기에 좋은 책이기도 합니다. 2015년에 가이젤 위너상을 수상하기도 했지요.

  본문의 그림을 살펴보면, 얼핏 단순해 보이지만 그림의 배경을 여백으로 두고 등장인물이 하는 말과 입을 선으로 연결한 부분이 눈에 띕니다. 이 말풍선 같은 선은 등장인물의 감정이 격해지면 덩달아 일그러져서 마치 으르렁거리며 말을 하는 듯한 느낌을 줍니다. 주고받는 대화로 이루어진 글은 거의 같은 내용의 문장이 반복적으로 사용되어 얼핏 너무 밋밋한 것이 아닐까 생각될 수도 있습니다. 하지만 자세히 들여다보고 소리 내어 읽어보면, 비슷한 문장이 반복되고 있음에도 강조해야 할 단어는 기울어져 있거나 밑줄이 그어져 있다는 것을 알 수 있습니다. 이런 부분에 주의를 기울여 읽다 보면 아주 맛깔스럽게 책을 읽을 수 있습니다.

그리고 책의 마지막 페이지에서 "You are hairy.(넌 털이 많아.)"라는 말이 남기는 여운을 느껴보세요. 크기에 대한 비교에서 겨우 벗어났는데 이제는 털이 많은지 아닌지를 가지고 충돌하게 생겼지요? 책은 여기서 끝나지만 아이와 그 이후에 무슨 일이 생길지 대화를 해볼 수 있습니다. 또는 인형놀이로 책의 내용을 다시 말해보는 활동도 아주 재미있습니다. 크기가 다른 인형 4개를 나란히 세워두고 책의 내용을 그대로 말해보게 하거나 엄마가 말을 해주면 더욱 영어 그림책을 가깝게 느끼고 좋아할 것입니다.

* 함께 읽으면 좋아요!

자존감을 주제로 한 그림책
『It's Okay to Be Different』 글, 그림 Todd Parr
『No Two Alike』 글, 그림 Keith Baker

1단계
그림책
08

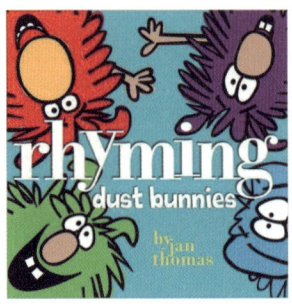

『RHYMING DUST BUNNIES』
글, 그림 Jan Thomas

먼지덩어리들과 신나는 라임 놀이

렉사일: AD180L

주제: 라임, 유머

어휘: dust(먼지), look out(조심해), hog(큰 돼지), log(통나무), broom(빗자루), run for it(도망가), good call(좋은 생각이야), pat(톡톡 두드리다), rat(큰 쥐), vacuum cleaner(진공청소기)

▶ 이 책은 철저하게 라임을 알려주는 책입니다. 책에 나오는 라임이 같은 단어들로는 Ed-Ned-Ted, rhyme-all the time, car-far-jar-tar, bug-rug-hug-mug, dog-hog-log-fog, cat-sat-pat-rat 등이 있는데, 아이들이 쉽게 라임이 같은 단어를 찾을 수 있도록 모두 1음절의 짧고 명확한 단어들을 사용했습니다.

이 그림책의 주인공 에드(Ed), 네드(Ned), 테드(Ted) 그리고 밥(Bob)은 '먼지'입니다. 어느 날 방바닥에서 라임 잇기 놀이를 하는데, 다른 먼지들과 이름부터 라임이 안 맞는 밥이 자꾸 엉뚱한 소리를 합니다. 친절하게 잘못을 지적해주는 다른 먼지들. 이 책의 재미는 엉뚱한 소리만 하는 것 같았던 밥의 말을 연결해보니 위험을 알리는 신호였다는 것과, 그 위험 신호 자체에 있습니다. 도대체 '먼지'에게 위험한 상황이란 무엇일까요? 그림책의 주인공인 '먼지들'에게 가장 무서운 존재는 바로, 빗자루와 진공청소기입니다! 허를 찌르는 내용 전개에 듣는 아이들은 물론이고 읽어주는 어른들까지 웃음을 터트릴 수밖에 없는 멋진 책이랍니다.

이 책을 읽을 때 중점을 두어야 할 부분은 리듬과 강약, 그리고 감정입니다. 경쾌하게 라임에 맞는 글자를 읽다가 밥 차례에서 약간 낮고 무심하게 읽고, 라임을 맞추지 못하는 밥을 야단치는 장면에서는 훈계를 하듯이 읽어주면 좋겠지요. 그리고 강조해서 읽어야 할 부분은 글자의 색깔과 크기가 다르거나 대문자로 표현되어 있어 쉽게 알아볼 수 있도록 해놓았습니다. 다른 책도 마찬가지이겠지만, 이 책은 특히 더 글자와 그림을 찬찬히 보면서 서너 차례 읽어본 후에 아이에게 읽어주는 것이 좋습니다. 그렇지

않으면 작가가 정성 들여서 배치해놓은 좋은 장치들을 제대로 활용해줄 수가 없답니다.

그리고 청소기에 끌려 들어가는 장면에서의 의성어 "Thwptt"은 소리 나는 대로 읽어주면 되는데, 우리말로 '쓰읍' 정도의 소리라고 생각하면 됩니다.

이 책은 부모가 아이에게 소리 내어 읽어주기에 좋지만, 읽기 연습 단계에 있거나 파닉스를 배우는 아이들이 부모와 함께 읽기에도 좋습니다. 이 경우 아이들은 라임이 맞고 소리 나는 대로 읽기 좋은 Ed-Ned-Ted, car-far-jar-tar, bug-rug-hug-mug, dog-hog-log-fog 부분을 읽고 나머지는 부모가 읽으면 좋겠지요?

저자의 홈페이지에 가면 책에 등장한 먼지 주인공들의 그림을 출력할 수 있습니다. Things to Do 메뉴에 들어가면 저자가 쓴 책 제목별로 활동 자료가 올라와 있습니다. 이 그림을 가지고 말풍선에 책에 나온 라임 적기 등의 활동을 하거나, 그림을 짚으며 책의 내용을 다시 말해보는 활동을 할 수 있습니다.

 젠 토머스의 홈페이지
www.janthomasbooks.com

---

* 함께 읽으면 좋아요!

젠 토머스의 다른 그림책

『Is Everyone Ready for Fun?』 글, 그림 Jan Thomas
『The Doghouse』 글, 그림 Jan Thomas
『Let's Sing a Lullaby with the Brave Cowboy』 글, 그림 Jan Thomas

1단계 그림책 09

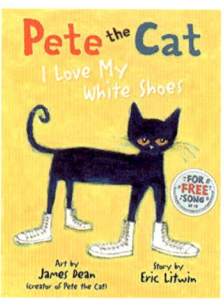

『PETE THE CAT I LOVE MY WHITE SHOES』
글 Eric Litwin, 그림 James Dean

쿨한 고양이 피트의 노래

- 렉사일: AD460L
- 주제: 색깔, 긍정적인 삶의 태도
- 어휘: brand-new(새로 산), step in(발을 내딛다), pile(더미), goodness(세상에!), awesome(굉장한), puddle(웅덩이), mud(진흙), groovy(근사한), be washed away(씻겨 나가다)

▶   60권 이상 출간된 피트 더 캣 시리즈의 첫 권으로, 뮤지션인 에릭 리트윈이 글과 음악을 담당하고, 제임스 딘이 그림 작가로 참여했습니다. 에릭 리트윈과 제임스 딘은 피트 더 캣 시리즈를 3권 더 출간했는데, 『Pete the Cat and His Four Groovy Buttons』, 『Pete the Cat: Rocking in My School Shoes』, 『Pete the Cat Saves Christmas』입니다. 이 4권의 책은 에릭 리트윈의 글과 음악이 녹아 있어 이후 출간된 제임스와 킴벌리 딘 부부의 피트 더 캣 시리즈와는 색깔이 다릅니다. 만약 『Pete the Cat I Love My White Shoes』를 읽고 리듬감과 음악성에 깊은 인상을 받았다면 앞의 3권을, 고양이 캐릭터 피트(Pete)의 이야기에 더 관심이 있다면 나머지 60여 권의 시리즈를 찾아 읽어보세요.

아이 캔 리드(I Can Read) 리더스 시리즈에 많이 포함되어 있는 버전이 제임스와 킴벌리 딘 부부의 피트 더 캣 시리즈입니다. 이 버전은 아이들이 일상에서 맞닥뜨리는 일을 주요 소재로 하고 있지요. 각각 5분짜리 플래시 애니메이션으로 만들어지기도 했고, 2017년에는 TV 애니메이션 시리즈로 제작되기도 했습니다. 플래시 애니메이션 영상은 유튜브에서 찾아볼 수 있습니다.

이 책은 하얀 새 신발을 신고 길을 나선 고양이 피트 이야기입니다. 새 신발을 신은 피트는 딸기를 무심코 밟아 신발이 빨갛게 물이 듭니다. 블루베리를 밟아서 파란색이 되고, 진흙을 밟아서 갈색이 되어버리지요. 화가 날 만도 한데, 고양이 피트는 절대 화내거나 울지 않아요. 오히려 꽤 쿨한 태도를 보입니다. 빨간 신발은 빨간 대로 예쁘고, 젖은 신발은 squeak,

squeak(찍, 찍) 소리가 나서 재미있으니까요.

   새 신발을 더럽힌 피트를 보고 독자들은 큰소리로 외칩니다. "Oh no!(안 돼!)" 하지만 뒤이어 나옵니다. "Did Pete cry? Goodness no!(피트는 울었을까? 천만에 말씀!)"이라고 말이지요. 안타까움을 가득 담은 "Oh no!"와 고난을 극복하는 굳센 의지의 "Goodness no!"라니. 아이들은 큰소리로 "No!"를 외칠 때마다 즐거워하고 더 몰입하지요. 책을 한 번 읽을 때마다 "No!"를 목청껏 8번은 외칠 수 있으니 아이들이 자꾸 읽겠다고 가져올지도 몰라요.

   아이들에게 이 책을 읽어주다 보면 반복적으로 나오는 문장들이 주문 같은 음악과 잘 어우러져, 책을 읽었는지 외웠는지 모를 만큼 모두 열심히 따라 하고 있는 것을 볼 수 있습니다. 이런 이유 때문에 피트 더 캣 시리즈 도서 중 『Pete the Cat and His Four Groovy Buttons』는 2013년에 가이젤 아너상을 받기도 했습니다.

이 책의 또 다른 매력 포인트는 읽을 때마다 마음이 가벼워지고 삶에 대한 긍정적 기운이 채워지는 힐링 효과에 있습니다. 마지막 문장에 고양이 피트의 긍정적인 태도가 담겨 있습니다.

"No matter what you step in, keep walking along and singing your song… because it's all good.(살면서 어떤 상황을 만나더라도 쭉 걸어가. 왜냐하면 그것은 그것대로 좋거든.)"

피트 더 캣 워크시트
www.petethecatbooks.com/activities

* 함께 읽으면 좋아요!

피트 더 캣 시리즈 추천도서
『Pete the Cat and His Four Groovy Buttons』 글 Eric Litwin, 그림 James Dean
『Pete the Cat: Rocking in My School Shoes』 글 Eric Litwin, 그림 James Dean
『Pete the Cat and His Magic Sunglasses』 글 Kimberly Dean, 그림 James Dean

1단계
그림책
10

『DUCK! RABBIT!』
글 Amy Krouse Rosenthal, 그림 Tom Lichtenheld

바람직한 논쟁의 좋은 예

- 렉사일: AD300L
- 주제: 오리, 토끼, 논쟁
- 어휘: kid(놀리다), bill(부리), silly(바보), listen(귀 기울여서 듣다), hear(자연스럽게 듣다), sniff(킁킁), wade(헤치며 걷다), swamp(늪, 습지), cool off(식히다), binocular(쌍안경)

▶   이 책의 특징은 에이미 크루즈 로젠탈 특유의 기발한 소재, 저도 모르게 킥킥거리게 되는 유머, 쉬운 듯하지만 미묘한 뉘앙스의 차이가 있는 문장들입니다. 두 등장인물의 대화로만 스토리가 전개되는데 끝까지 누가 말을 하고 있는지는 나오지 않습니다. 즉, 누구라도 괜찮다는 뜻이지요.

우선, 책의 표지를 보면서 이 동물이 무엇인지 아이와 이야기를 나누어보세요. 이 동물은 오리일까요, 토끼일까요? 그리고 책을 펼치면, 두 명의 화자가 같은 이미지를 두고 논쟁을 시작합니다. 사실 어른들은 물론이고 아이들 역시 자기 의견을 주장하는 일이 많으니, 이 책은 '논쟁' 그 자체에 초점을 맞추어도 좋습니다. 독자를 책 속으로 끌어들이는 논쟁거리만큼이나 논쟁을 끝내는 방식도 돋보이거든요. 논쟁은 시작하기는 쉽지만 상처 없이 끝내기는 어려운데, 아이들에게 논쟁을 끝내는 세련된 방식을 제시하고 있다는 점이 이 책의 숨겨진 장점이지요. 이 책의 렉사일에 어른과 함께 읽으라는 뜻의 AD가 붙은 이유가 바로 부모가 아이에게 책을 읽어주며 논쟁을 잘 이끌어나가라는 의미가 포함되었기 때문일 것입니다.

Hey, look! A duck! (저기 봐. 오리야!)
That's not a duck. That's a rabbit! (저건 오리가 아니야. 토끼야!)
Are you kidding me? It's totally a duck. (농담하는 거야? 저건 완벽하게 오리야.)
It's for sure a rabbit. (저건 틀림없이 토끼야.)

책은 이런 식으로 서로 내 의견이 맞다고 우기는 둘의 대화로 진행되는데 어느 순간 오리인지 토끼인지 헷갈리는 동물이 시야에서 사라져버립니다. 서로 너 때문에 사라졌다고 비난하다가 갑자기 별것 아닌 일에 열을 내며 이야기했다는 것을 깨닫고 멋쩍어집니다. 그리고 둘은 이렇게 화해를 합니다.

You know, maybe you were right. Maybe it was a rabbit. (어쩌면 네가 맞을지도 몰라. 아마 그건 토끼였던 것 같아.)

Thing is, now I'm actually thinking it was a duck. (사실, 지금 생각해보니 오리였던 것 같아.)

'totally', 'for sure', 'thing is', 'actually' 등 한국인이 회화에서 사용하기 힘든, 생생한 영어 표현이 인상적이지요?

"Maybe it *was* a rabbit." 문장에서 was의 기울기가 다른데, 읽을 때 그 부분을 강조해서 읽어주는 것이 좋습니다. 이렇게 책 중간중간에 기울어져 나온 단어들이 제법 나오는데 모두 의미를 강조하는 역할을 합니다. 저런 단어를 읽을 때는 그 단어만 크게 읽거나 높은 톤으로 읽기, 혹은 해당 단어 앞에서 살짝 멈춰 주의를 환기시키는 리드 어라우드 스킬을 사용하는 것이 효과적입니다.

책 속 거의 모든 문장이 이렇게 재치 있고 감각적인 표현들을 담고 있어 단순하고 큼직한 그림과 쉬운 어휘로 이루어진 책이지만 책의 수준은 제법 높습니다. 그래서 이 책을 제대로 즐기려면 리드 어라우드를 막 시작한 단계보다는 몇 달 정도 진행한 이후에 고를 것을 권합니다.

✳︎ 함께 읽으면 좋아요!

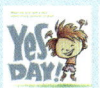

에이미 크루즈 로젠탈의 다른 그림책

『**Yes Day!**』 글 Amy Krouse Rosenthal, 그림 Tom Lichtenheld
『**Plant a Kiss**』 글 Amy Krouse Rosenthal, 그림 Peter H. Reynolds
『**Little Hoot**』 글 Amy Krouse Rosenthal, 그림 Jen Corace

1단계 그림책 11

『THERE WAS AN OLD LADY WHO SWALLOWED A FLY』

글, 그림 Pam Adams

세상에! 할머니가 소를 삼켰대!

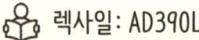 렉사일: AD390L

주제: 농장의 동물, 라임, 유머

어휘: old lady(할머니), swallow(꿀꺽 삼키다), wriggle/jiggle(꿈틀거리다), absurd(터무니없는), fancy that(세상에나!)

▶   우연히 파리를 삼켜버린 할머니가 파리를 잡기 위해 거미를 삼키고, 거미를 잡기 위해 새를 삼키고, 새를 잡기 위해 고양이를 삼키는 이야기입니다. 이야기가 진행될수록 할머니가 삼키는 동물들이 점점 커지다가 마지막에는 말을 삼키게 되는데, 할머니는 어떻게 되셨을까요? 돌아가셨답니다!

이 책을 읽고 '이렇게 잔인하고 황당하게 끝나는 책을 아이에게 읽어줘도 될까?'라는 생각이 든다는 소리를 많이 들었습니다. 결말을 이해하기 위해서는 우선 이 책이 영국에서 수백 년 이상 구전으로 전해내려온 너서리 라임의 가사를 그대로 담은 그림책임을 알고 있으면 좋을 것 같습니다.

너서리 라임은 말 그대로 아이를 돌볼 때 부르는 라임인데, 각 라임마다 그 쓰임이 약간씩 다릅니다. 예를 들어, '작은 돼지(This Little Piggy)', '타미의 엄지손가락(Tommy Thumb)' 등은 손가락과 발가락을 움직이기 위해 부르는 너서리 라임이고, '자장자장 우리 아가(Rock a Bye Baby)'나 '잘자라 아가야(Hush Little Baby)' 노래는 잠을 재우기 위한 너서리 라임입니다. 또한 아이들에게 교훈을 주기 위한 너서리 라임도 있는데 『There Was an Old Lady Who Swallowed a Fly』 책이 바로 여기에 해당됩니다. 그럼 이 책의 교훈은 무엇일까요? 바로 '아무거나 먹으면 죽는다!'입니다. 제가 그동안 수백 명의 아이들에게 이 책을 읽어주었는데, 부모님의 걱정과는 달리 아이들이 정말 즐거워한답니다. 게다가 이 너서리 라임은 그림 작가만 바꾼 버전으로 10권 이상이 출간될 만큼 영미권에서 사랑받고 있지요.

이 너서리 라임이 이렇게 여러 차례 책으로 만들어질 만큼 사랑받는 힘은 무엇일까요? 바로 기가 막히게 딱 떨어지는 라임과 유머 넘치는 감각적인 표현, 반복이 주는 즐거운 중독에 있습니다. 라임을 살펴보면, 등장하는 모든 동물은 라임이 같은 단어와 짝을 이루고 있습니다. fly-die, spider-her, absurd-bird, that-cat, hog-dog, how-cow, horse-of course, 이렇게 말이지요.

라임이 잘 맞는 문장을 읽을 때는 라임이 같은 단어를 강조해서 읽게 되고, 이는 자연스럽게 영어의 리듬을 익히는 데에 도움이 됩니다. Fly를 예로 들면, "There was an old lady who swallowed a **fly**. I don't know **why** she swallowed a **fly**. Perhaps she'll **die**." 이렇게 라임이 맞는 부분은 조금 크게 읽거나, die 앞에서 짧은 시간 동안 잠깐 멈추었다가 읽어주면 좋습니다. 이렇게 강조하고 싶은 단어 앞에서 잠깐 멈추는 것은 스토리텔링의 중요한 스킬 중 하나인데, 이 잠깐의 멈춤(Pause)이 아이의 주의를 끌어와 집중도를 높이고, 여러 번 읽기를 하였다면 아이로 하여금 다음에 나올 단어를 말하게 해서 자연스럽게 책 읽기에 참여하도록 유도할 수 있습니다.

유머 넘치는 감각적 표현도 매력적입니다. 이 책은 매 페이지마다 "이런 황당한 일이 생기다니!"라는 표현이 나옵니다. 외국어로 영어를 배우는 우리 아이들은 이런 과한 감정 표현에 익숙하지 않기 때문에 이 책을 통해 일상에서 많이 사용되지만 입 밖에 내기 힘든 표현을 재미있게 익힐 수 있습니다.

"How absurd, to swallow a bird!(말도 안 돼, 새를 삼키다니!)"는 우리가 잘 사용하지 못하는 how라는 감탄사를 활용한 경우입니다.

"Well, fancy that, she swallowed a cat!(세상에나, 고양이를 삼켰대!)"의 fancy that은 '정말 놀랐어! 이게 말이 돼?' 정도의 뜻입니다.

"What a hog, to swallow a dog!(이런! 돼지 같기도 하지, 개를 삼키다니!)"는 what이라는 감탄사를 사용한 경우인데, 정말 기가 막힌 라임 사용이지요? hog는 돼지라는 뜻인데 pig보다 더 거대하고 둔한 느낌이 드는 단어입니다.

"I don't know how she swallowed a cow.(난 할머니가 소를 도대체 어떻게 삼켰는지 모르겠어.)", "There was an old lady who swallowed a horse. She's dead of course.(어떤 할머니가 말을 삼켰어. 당연히 돌아가셨지.)" 이 두 문장에 나오는 표현들도 이야기의 흐름 안에서 감각적으로 그 미묘한 의미를 배울 수 있는 멋진 표현입니다.

---

* 함께 읽으면 좋아요!

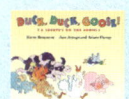  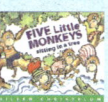

라임이 재미있는 그림책
『Duck, Duck, Goose!(A Coyote's on the Loose!)』 글 Karen Beaumont, 그림 Jose Aruego, Ariane Dewey
『The Napping House』 글 Audrey Wood, 그림 Don Wood

전래동요가 원작인 그림책
『Five Little Monkeys Sitting in a Tree』 글, 그림 Eileen Christelow

1단계
그림책
1 2

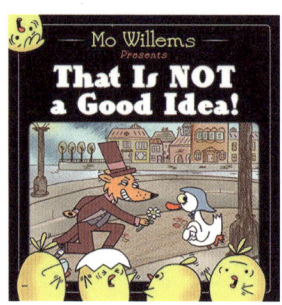

『THAT IS NOT A GOOD IDEA!』
글, 그림 Mo Willems

스릴 넘치는 한 편의 연극을 본 듯한 그림책

- 렉사일: AD410L
- 주제: 유머, 반전
- 어휘: boil(끓이다), go for a stroll(산책을 하다), ingredient(재료), missing(빠진), zoom(휙), splash(풍덩), whump(쿵), warn(경고하다)

▶   이 책은 읽고 나면 스릴 넘치는 연극 한 편을 본 듯한 느낌이 들 정도로 긴장감 있게 전개됩니다.『Don't Let the Pigeon Drive the Bus!』와『Knuffle Bunny』로 칼데콧 아너상을 수상한 모 윌렘스의 책입니다. 모 윌렘스는 1990년대에 미국의 대표 유아 프로그램 '세서미 스트리트(Sesame Street)'에서 작가와 일러스트레이터로 활동하면서 에미상을 6차례 수상했습니다. 2003년에 그림책 작가로 데뷔한 이후에는 3번의 칼데콧 아너상과 2번의 가이젤 위너상, 5번의 가이젤 아너상을 수상하기도 했지요. 모 윌렘스는 표지, 면지, 헌사와 제목 페이지까지 책의 모든 면을 스토리의 중요한 구성요소로 활용하는 작가입니다.

이 책의 표지도 심상치 않습니다. 표지 맨 위에 "Mo Willems Presents(모 윌렘스가 전합니다)"라고 써 있고, 그 아래에 "That Is Not a Good Idea!(그건 정말 좋은 생각이 아니야!)"라는 제목이 있습니다. 마치 모 윌렘스가 제작한 공연의 포스터 같지요? 배경 그림은 한쪽 무릎을 꿇고 꽃을 건네는 신사 여우와 속눈썹을 펄럭이는 숙녀 거위의 수줍은 모습을 담고 있습니다. 얼핏 보면 로맨스가 책의 주제인 듯 보이지만, 책의 제목이나 관객처럼 보이는 아기 거위들의 겁에 질린 표정을 보았을 때 어쩐지 이 공연은 공포물인 것 같아요.

본문으로 들어가면, 글자는 모두 등장인물의 대사로만 이루어져 있고, 그림과 글이 각각 다른 페이지에 위치해 있어서, 누가 무슨 말을 하는지 헷갈릴 때도 있습니다. 첫 페이지부터 그렇습니다. 여우와 거위가 눈을 마주치는 그림이 나오고, 다음 페이지에 "What luck!(이런 행운이!)"과

"Dinner!(저녁이다!)"라는 글이 적혀 있습니다. "Dinner!"라고 외친 쪽은 누구일까요? 마지막 페이지에서 수프를 먹는 장면을 통해 누구의 대사였는지 알게 되지요.

이 책에는 "I do love…", "We DID try…" 등 동사 앞에 do나 did를 붙인 문장이 나옵니다. 여기서의 do나 did는 특별한 뜻이 있는 것은 아니고 뒤에 나오는 동사를 강조하기 위해 쓰였습니다. 이런 문장을 읽을 때는 작가의 의도대로 do와 did를 강조해서 읽어주는 것이 좋습니다.

이제 책의 그림을 살펴볼까요? 모 윌렘스는 이전에 자신이 출간했던 책, 『Don't Let the Pigeon Drive the Bus!』의 주요 캐릭터인 Pigeon을 다른 그림책에 슬쩍 끼워 넣는 것으로도 유명합니다. 캐릭터를 잘 알고 있는 독자들이라면 의외의 장소에서 익숙한 캐릭터를 발견하는 즐거움을 얻을 수 있지요. 이 책에는 Pigeon 이외에 Knuffle Bunny도 있으니 아이와 함께 찾아보세요.

전체 글이 연극 대사로 이루어진 이 책은 더도 덜도 말고 딱 연극하기 좋은 책입니다. 보자기와 모자를 준비해서 머리에 쓰고 엄마 거위와 여우 역할극을 해보세요. 문장이 길어 어렵다면 아이는 "That is not a good idea!"만 외치는 아기 거위 역할을 하게 해도 좋습니다.

* 함께 읽으면 좋아요!

유머와 반전을 주제로 한 그림책
『Poo Bum』 글, 그림 Stephanie Blake
『Wolf Won't Bite!』 글, 그림 Emily Gravett

1단계
그림책
13

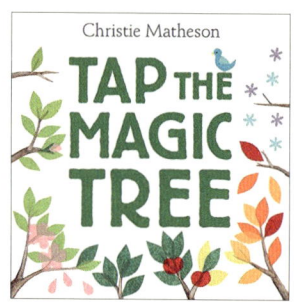

『TAP THE MAGIC TREE』

글, 그림 Christie Matheson

손짓 하나로 만든 아름다운 변화

- 아마존 추천 연령: 만 4~8세
- 주제: 사계절, 동작 동사, 2인칭 그림동화
- 어휘: tap(톡톡 두드리다), bare(벌거벗은), rub(문지르다), bud(싹), form(형태가 생기다), petal(꽃잎), blow(불다), swish(휙 움직이는 소리), patient(인내심 있는), blow a tiny kiss(키스를 살짝 날리다), trunk(나무 몸통)

▶ 『Tap the Magic Tree』는 책이 독자에게 말을 거는 아주 특별한 형식의 그림책입니다. 독자의 참여를 적극적으로 이끌어내는 이런 그림책은 대체로 생동감 있고 재미있는 책 읽기로 연결됩니다. 다만, 독자가 책이 하는 말을 못 알아들으면 적절한 대응을 할 수 없어 책을 읽는 재미가 반감되기도 하지요. 이 책을 제대로 즐기기 위해서는 책을 읽기 전에 책에 나오는 동작 동사들을 알려주는 챈트를 불러보는 것이 좋습니다. 간단하고 신나는 챈트를 부르고 책 읽기에 들어가면 영어에 서툰 아이들도 충분히 이 책을 즐길 수 있게 됩니다.

우선 한 손으로 다른 손등에 손을 살짝 올렸다 떼며 touch라고 말하고, 살짝 쓰다듬거나 토닥토닥 두드리며 pat, 툭 치며 tap, 문을 두드리듯이 다소 강하게 치며 knock라고 말해보세요. 애정을 담아 뺨이나 이마에 대고 해도 좋습니다. 그 다음에는 책에 나오는 동사를 익히는 손동작 챈트 부르기!

Clap, clap, clap your hands as slowly as you can.
(손으로 박수를 쳐봐. 최대한 천천히.)

Clap, clap, clap your hands as quickly as you can.
(손으로 박수를 쳐봐. 최대한 빨리.)

Wiggle, wiggle, wiggle your fingers as slowly as you can.
(손가락을 꼬물거려봐. 최대한 천천히.)

Wiggle, wiggle, wiggle your fingers as quickly as you can.
(손가락을 꼬물거려봐. 최대한 빨리.)

Rub, rub, rub your hands as slowly as you can.

(손을 문질러봐. 최대한 천천히.)

Rub, rub, rub your hands as quickly as you can.

(손을 문질러봐. 최대한 빨리.)

Shake, shake, shake your hands as slowly as you can.

(손을 흔들어봐. 최대한 천천히.)

Shake, shake, shake your hands as quickly as you can.

(손을 흔들어봐. 최대한 빨리.)

Now blow me a kiss!

(이제 키스를 날려봐!)

이 챈트는 유명한 너서리 라임의 가사를 『Tap the Magic Tree』책 내용에 맞게 수정한 것으로 아이와 마주보고 앉아 리듬에 맞게 부르고 몸으로 표현하는 것이 좋습니다. 리드 어라우드 영상에서 소개하고 있으니 앞의 QR코드를 활용하여 들어보세요.

이렇게 기본적인 표현을 익혔다면 이제 책 읽기에 들어갑니다. 이 책은 나무의 한해살이를 보여주는 그림책인데, 나무 한 그루가 봄에는 꽃을 피우고, 여름에는 짙은 나뭇잎으로 갈아입고, 가을에는 주렁주렁 열매를 매달고, 겨울에는 눈을 맞으며 봄을 기다린다는 내용을 간결하고 명료한 그림으로 표현했습니다. 이 그림책은 '문질러라, 만져봐라, 쓰다듬어라' 등 특정 동작을 요구하는 글이 먼저 나오고, 그 다음 페이지에 행동의 결과가 그림으로 나오는 형식입니다.

"Rub the tree to make it warm.(나무가 따뜻해지도록 문질러.)" 나뭇가지를 문지르고(rub) 페이지를 넘기면 나무에 꽃봉오리가 맺힙니다. 꽃봉오리를 살짝 만지면(touch), 다음 페이지에는 꽃이 피어나지요. 꽃나무 페이지를 살짝 흔들면(shake) 다음 페이지에 꽃잎이 떨어지는 식입니다. 나의 손짓이 나무에 드라마틱한 변화를 불러일으킨 것만 같아 마법사가 된 기분이지요.

아이에게 이 책을 읽어줄 때는, 그림 설명을 추가해서 책을 읽는 속도를 떨어뜨리지 말고, 책의 내용을 그대로 읽어 다음 페이지에 대한 긴장감과 기대감을 한껏 살려주는 것이 좋습니다. 나무를 문질러서 따뜻해지는 날씨를 표현하는 페이지에서는 너무 세게 그림을 문지르다 책이 확 구겨지는 참사가 벌어지기도 합니다. 그래서 페이퍼백이나 하드커버보다는 보드북을 사는 것도 좋은 선택입니다. 다행히 보드북 사이즈가 그리 작지는 않습니다.

* 함께 읽으면 좋아요!

2인칭 시점의 그림책
『Don't Push the Button!』 글, 그림 Bill Cotter
『This Book Just Ate My Dog!』 글, 그림 Richard Byrne

1단계
그림책
14

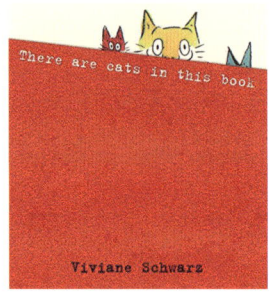

『THERE ARE CATS IN THIS BOOK』
글, 그림 Viviane Schwarz

고양이와 놀고 싶은 사람 모두 모두 모여라!

아마존 추천 연령: 만 3~7세

주제: 고양이

어휘: hooray(만세!), tangly(꼬불꼬불 헝클어진), turn the page(페이지를 넘겨), yarn(털실), pillow fight(아이들의 베개 싸움), floodwave(홍수같이 큰 파도), fluffy(털이 복실복실한), yawn(하품), tuck in(넣어주다)

▶   앞에 나온 『Tap the Magic Tree』처럼 독자에게 말을 거는 책입니다. 빨간 종이 뒤에 귀를 쫑긋 세운 무언가가 보이고, 제목은 그 아래에 비스듬히 적혀 있습니다. "There are cats in this book.(이 책에는 고양이들이 있어.)" 고양이들을 보려면 빨간 종이를 들춰야 하는데, 이렇게 종이를 들추거나 페이지를 넘기는 독자의 행동이 책 전체를 끌어나가는 원동력이 됩니다. 본문에는 안드레(Andre), 문파이(Moonpie), 타이니(Tiny)라는 고양이 세 마리가 나오고, 고양이들이 인사를 건네는 것으로 시작합니다.

Hello. Who are you? (너는 누구니?)
Are you NICE? (너는 착한 아이니?)
You LOOK nice. And STRONG. (넌 착해 보여. 그리고 힘도 센 것 같아.)
Could you turn a whole PAGE? (다음 페이지로 넘겨줄래?)
HOORAY! You DO turn pages! (만세! 정말 페이지를 넘겨주었구나!)

페이지를 넘길 때마다 고양이들은 실뭉치를 가지고 놀거나 베개를 던지며 놀고, 종이 상자에서 숨바꼭질도 하고, 물에 빠지기도 합니다. 이렇게 놀아주다 보니 어느새 책의 마지막 페이지네요.

Will you come and play with us again soon? Really soon? (금방 또 와서 우리랑 놀아줄래? 정말 빨리 놀러 올 거지?)

끊임없이 무엇인가를 요구하지만, 다정하고 사랑스러운 고양이들과 한바탕 잘 논 것 같습니다. 그래서 책을 다 읽고 나면 고양이 세 마리가 나를

엄청 좋아한다고 느껴지고, 어쩐지 다시 놀아주어야겠다는 생각이 들지요. 고양이들과 다시 놀려면, 책을 다시 읽어야 하겠지요? 이렇게 귀엽고도 사악한 책이라니! 그리고 책이 끝났나 싶었는데 마지막 면지에 이런 글이 적혀 있습니다.

Did you like the cats? I think they really liked you. (고양이들이 마음에 들어? 내 생각에는 고양이들이 널 정말 좋아하는 것 같아.)

정말 사랑스러운 책이지요? 이 책은 영어 실력이나 나이에 관계없이 거의 모든 아이들이 좋아하는 특별한 책입니다. 유치원에 다니는 아이부터 초등학생, 그리고 아이에게 책을 읽어주는 부모까지도 정말 재미있어하는 책이지요. 손으로 들추면서 읽다 보니 장난감 같은 느낌도 들고, 손을 계속 움직이니 지루할 틈이 없습니다. 그런 의미에서 페이지는 꼭 아이가 넘기도록 하는 것이 좋습니다. 또한 영어를 접한 경험이 별로 없어도 내용을 이해하는 데에 크게 어려움이 없어 쉽게 빠져들 수 있고, 영어를 제법 많이 접한 아이들이라도 생생한 표현이 가득하고 영어의 리듬이 강하게 들어간 문장을 들으며 즐거워합니다.

이 책의 또 다른 특징으로, 문장 중간에 대문자로 들어가는 단어들이 많이 나옵니다. 총 14개 문장에서 대문자로 쓰인 단어가 들어간 것을 볼 수 있는데, 이렇게 대문자 혹은 기울기가 다르게 적힌 단어들은 모두 강조해서 읽어야 하는 단어들입니다. 그렇게 강조해서 읽다 보면 자연스럽게 강약이 들어간 리듬을 타게 됩니다. 예를 들면, "There's MORE!(더 있어!)", "Keep going THIS way.(이쪽으로 계속 가.)", "I LOVE boxes.(난 박스가 정말 좋아.)", "I KNEW you were nice.(난 네가 좋은 아이인 줄 알고 있었어.)" 등이 있는데 모두 대문자로 쓰인 부분을 강조해서 읽으라는 뜻이지요. 영어의 어감을 익히는 데 더할 나위 없이 좋은 문장들이지요?

* 함께 읽으면 좋아요!

책이 독자에게 말을 거는 메타픽션 그림책
『Is There a Dog in This Book?』 글, 그림 Viviane Schwarz
『We Are in a Book!』 글, 그림 Mo Willems

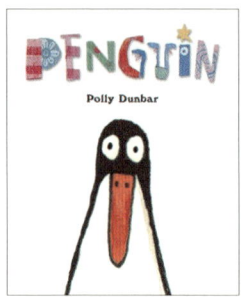

『PENGUIN』
글, 그림 Polly Dunbar

누구도 예상하지 못한 반전

아마존 추천 연령: 만 4~8세

주제: 우정

어휘: ripped open(찢어서 열었다), tickle(간지럼 태우다), put on(입다), outer space(우주 바깥쪽), did a dizzy dance(어지러운 춤을 추었다), prodded(푹 찔렀다), passing(지나가는), bit(물었다)

▶ 폴리 던바의 『Penguin』은 파스텔 색감의 사랑스러운 그림과 허를 찌르는 반전으로 아이들에게 커다란 즐거움을 주는 책입니다. 제가 가장 좋아하는 그림책 베스트 5에 들어가는 책이기도 하고요. 글과 그림이 일치하고 그림으로 거의 모든 내용이 이해되므로 읽기 전 활동 없이 바로 책 읽기에 들어가도 됩니다.

『Penguin』은 주인공 벤(Ben)이 펭귄 인형을 선물 받으며 이야기가 시작됩니다. 새로 생긴 펭귄 인형에게 온갖 예쁜 짓을 하는 벤. 간지럼도 태우고, 물구나무도 서고, 노래도 부르고, 춤도 추고 다 했는데 펭귄 인형은 아무 말도 하지 않고, 웃지도 않습니다. 슬슬 심술이 생긴 벤은 이제 온갖 미운 짓을 합니다. 찌르고 놀리고 모르는 척하고 메롱도 하는데 사실 이 모든 것들이 아이들이 심술 났을 때 하는 행동과 똑같아서 책을 읽는 동안 아이들이 배를 잡고 웃지요.

펭귄이 아무런 반응을 보이지 않자 벤은 지나가던 사자 입에 펭귄을 넣으려고 합니다. 페이지 두 쪽을 거의 다 차지하는 커다란 '파란 사자'가 나오는 순간, 아이들의 반응이 연령별로 조금 다릅니다. 실제 상황이라고 생각한 5살 아이들은 울기도 하고 겁을 먹는 반면, 7살 아이들은 놀라면서도 흥분하고 엄청나게 즐거워합니다. 제일 재미있는 반응을 보이는 것은 6살 아이들인데요, 입을 딱 벌리고 눈을 휘둥그레 뜨는데 순간적으로 침묵이 흐릅니다. 아이의 마음속에서 무서움과 재미 사이에서 갈등이 일어난 것이지요. 저는 아이들과 그림책을 읽을 때 이렇게 손에 잡힐 듯 느껴지는 교감의 순간을 정말 사랑한답니다. 하지만 이 책을 5살 이하의 아이에게 읽어

줄 때는 아이가 놀라지 않도록 주의하는 것이 좋습니다. 저는 안전하게 6살 이상의 아이들에게 읽어주고 있습니다.

그리고 마지막 반전이 나옵니다. 바로 벤의 펭귄 인형이 사실은 말을 할 수 있었어요! 이렇게 예상치 못했던 반전이 거듭해서 나오고 실제와 허구가 절묘하게 어우러져 있다는 점이 이 책의 가장 큰 매력 포인트입니다.

물론 폴리 던바의 사랑스러운 그림도 빼놓을 수 없겠지요. 이야기가 전개되는 동안 주인공 벤이 느끼는 기대, 환희, 실망, 미움, 두려움, 안도, 사랑 등의 다양한 감정이 그림으로 재미있게 표현되었습니다.

또, 이 책에는 두운, 즉 첫소리가 같은 어휘가 여럿 나옵니다. happy hat,

sang a silly song, did a dizzy dance, funny face. 이처럼 두운이 같은 단어가 연속적으로 나오면 영어의 리듬이 더 강해지지요. 그래서 책을 읽을 때 두운이 같은 부분을 의식하고 운율감 있게 읽어주면 더 좋습니다.

이 책은 플래시 애니메이션으로도 제작되었는데, 이렇게 플래시 애니메이션으로 제작된 책의 경우 영상보다 책을 먼저 보여주는 것이 좋습니다. 영상은 유튜브 검색 또는 저자의 홈페이지에서 볼 수 있습니다. 폴리 던바의 홈페이지에는 『Penguin』 속 그림 자료도 있습니다.

폴리 던바의 홈페이지
www.pollydunbar.com

* 함께 읽으면 좋아요!

우정을 주제로 한 그림책
『Stick and Stone』 글 Beth Ferry, 그림 Tom Lichtenheld
『A Cat and a Dog』 글 Claire Masurel, 그림 Bob Kolar

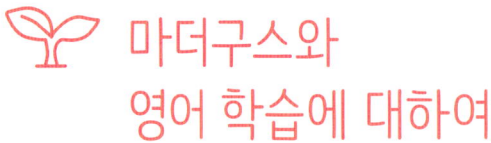# 마더구스와 영어 학습에 대하여

마더구스(Mother Goose)는 영미권에서 전해내려오는 옛날 이야기와 전래동요를 들려주는 캐릭터로, 주로 숄과 보넷(모자)을 걸친 통통한 할머니 혹은 거위의 모습을 하고 있습니다. 너서리 라임(Nursery Rhyme)과 같은 의미로 쓰이며, 영국에서는 너서리 라임으로, 미국에서는 마더구스로 불립니다. 마더구스 혹은 너서리 라임은 노래뿐 아니라 챈트로도 많이 불리는데, 아이들을 대상으로 하고 있기 때문에 재미있는 놀이를 목적으로 한 경우가 많습니다. 또한, 하면 안 되는 행동에 대해 알려주거나 현실적 교훈을 담고 있는 경우도 많습니다.

그런데 영미권의 전래동요를 우리 아이들이 왜 알아야 하는 것일까요? 우선, 아이에게 마더구스를 들려주면 영어의 리듬감이나 라임, 어휘, 문장 구조 등을 보다 자연스럽고 쉽게 습득할 수 있습니다. 하지만 영어 학습 효과가 아니더라도, 수백년 동안 구전으로 전해내려오며 영미 문화에 깊숙히 자리 잡아 문화 코드로서의 가치가 높다는 점에서 아이들에게 꼭 불러주었으면 좋겠습니다. 마더구스는 어린이들을 위한 노래와 챈트에서 그치지 않고, 문학 작품, 드라마, 영화, 일상적인 대화, 정치 만평 등 많은 곳에서 등장합니다.

마더구스를 접하는 것은 이르면 이를수록 좋습니다. 아이가 뱃속에 있을 때부터 마더구스 음악을 태교 음악처럼 들어도 좋고, 누워 있는 갓난아이에게 딸랑이를 들고 불러주어도 좋습니다. 그래서 마더구스 중에는 딸랑이 라임(Rattling Rhyme), 까꿍이 라임(Peek-a-boo Rhyme)처럼 갓난아이를 위한 라임이 많습니다. 아이가 앉을 수 있을 정도가 되면 무릎 위에 앉혀놓고 통통 팅기며 부르는 말타기 라임(Bouncing Rhyme)도 있고요.

하지만 아이가 이미 초등학생이라고 해서 좌절할 필요는 없습니다. 초등학생 자녀에게 마더구스를 재미있게 활용해주고 있다는 엄마들의 후기가 지난 10년간 꾸준히 들려옵니다. 마더구스를 배우는 이유가 영어 학습과 문화 코드로서의 가치에 있다면, 초등학생뿐만 아니라 성인도 마더구스를 배울 수 있습니다. 성인 대상 발음 혹은 듣기 교재에도 챈트가 들어가 있고, 그 챈트들이 대부분 마더구스랍니다. 무엇보다 초등학생 아이들도 충분히 재미있고 학습적으로도 유익한 활동을 연계해서 마더구스를 배울 방법은 많습니다.

유명한 마더구스 몇 가지를 알아볼까요? '뜨거운 콩 죽(Pease Porridge

Hot)'은 두 사람이 마주 앉아 손뼉 치며 부르는 노래입니다. 유치 단계부터 초등학생까지 즐길 수 있는데, 동작을 실제로 보고 싶다면 QR코드를 이용하시기 바랍니다.

Pease porridge hot, pease porridge cold (뜨거운 완두콩 죽, 차가운 완두콩 죽)
Pease porridge in the pot nine days old (9일 묵은 완두콩 죽)
Some like it hot, some like it cold (어떤 사람은 뜨거운 죽을 좋아하고, 어떤 사람은 차가운 죽을 좋아하네)
Some like it in the pot nine days old (어떤 사람은 9일 묵은 죽을 좋아하네)

'Pease Porridge Hot'과 'Round About' 율동 영상
http://bitly.kr/6hsok

짝짜꿍하며 즐겁게 놀면서 porridge, cold, hot, pot 등의 어휘를 익힐 수 있지요. 우리나라 아이들이 학습용 도서가 아닌 순수 창작물로 영어를 처음 접할 때 가장 먼저 부딪히는 문제가 바로 어휘인데요, 이렇게 마더구스를 통해 일상적인 어휘를 익힐 수 있다면 영어 그림책을 읽을 때도 큰 도움이 됩니다.

마더구스는 어휘뿐만 아니라 반복을 통해 영어 문장을 습득할 수 있도록 도와주기도 합니다. '둥글게 둥글게(Round About)'는 도치 구문을 자연스럽게 익힐 수 있습니다.

Round about, round about, (둥글게, 둥글게)
Went a wee mouse (작은 생쥐가 갔네)
Up a bit, up a bit, (조금씩, 조금씩)
In a wee house! (작은 집 안으로)

이 노래는 아이의 손 위에서 시작해서 점점 팔을 타고 올라가며 간지럼을 태우며 부르는 챈트(Tickling Rhyme)입니다. 이렇게 재미있게 마더구스를 부르다 보면 저절로 외워지고, 자기도 모르게 영어의 문장 구조에 익숙해지게 되지요.

마더구스는 짧은 이야기로 되어 있어 이야기의 구성요소를 파악하는 등 리터러시 연습을 하기에도 좋습니다. 이렇게 쌓인 지식은 나중에 긴 호흡을 가진 영어 그림책을 읽을 때 도움이 많이 됩니다. 이렇게 활용할 수 있는 마더구스로는 '리틀 미스 머핏(Little Miss Muffet)', '1, 2, 3, 4, 5 물고기를 잡아요(1, 2, 3, 4, 5 Once I Caught a Fish Alive)', '잭 앤 질(Jack and Jill)' 등이 있습니다.

딸랑이를 들고 부르는 마더구스 '거꾸로쟁이 메리(Mary, Mary, Quite Contrary)'는 자연스럽게 라임을 익히는 효과가 있습니다.

Mary, Mary, quite contrary, (메리, 메리, 거꾸로쟁이 메리)

How does your garden grow? (네 정원은 어때?)
With silver bells and cockle shells, (은방울꽃과 조가비꽃)
And pretty maids all in a row (예쁜 아가씨들이 한 줄로 서 있네)

딸랑이를 박자에 맞추어 가볍게 흔들다가 grow-row 부분에서 강하게 흔들어주며 부르는데, 이런 소리의 변화를 통해 아이들은 자연스럽게 라임을 느끼지요. 사실 거의 모든 마더구스에 라임이 들어가 있어서 따라 부르는 것만으로도 라임을 즐기고 익힐 수 있습니다. 유치나 초등 단계의 아이들은 율동을 하거나 책상을 치면서 박자를 맞추며 불러도 좋습니다.

Humpty Dumpty sat on a wall (험티 덤티가 담 위에 앉아 있었어)
Humpty Dumpty had a great fall (험티 덤티가 떨어졌네)
All the king's horses and all the king's men (왕의 말과 군대가 와도)
Couldn't put Humpty together again (험티 덤티를 다시 붙이지 못했어)

'험티 덤티(Humpty Dumpty)'는 정말 유명한 마더구스이지요. 칼데콧 아너상을 받은 유리 슐레비츠의 『Snow』에도 험티 덤티가 나옵니다. 한 송이, 두 송이 내리던 눈이 어느새 함박눈이 되고, 'Mother goose book' 서점에서 험티 덤티와 마더구스가 소년과 함께 놀기 위해 밖으로 나오는 장면이 있습니다. 이 외에도 수많은 그림책 작가들이 험티 덤티를 등장시키고 있답니다.

마지막으로, 마더구스를 익힐 수 있는 책을 소개해드릴게요. 한국인인 우리가 마더구스를 익히려면 아무래도 음원이 있어야 하는데요, 음원이 있는 가장 대표적인 책이 『Wee Sing Mother Goose』입니다. 수록된 곡도 많고 원곡 그대로 수록되어 있다는 것은 장점인데, 오디오 속도가 빠르고 출간된 지 오래되어 책이 좀 촌스러운 것은 단점입니다. 아이가 두 돌 전이라면 시리즈 도서인 『Wee Sing For Baby』도 좋습니다. 『Wee Sing Mother Goose』와 겹치는 부분이 제법 있고 유아에게는 활용도가 더 높습니다. 노부영의 『Nursery Rhymes』와 『Playtime Rhymes』는 책 자체도 좋고 음원도 정말 좋습니다. 물론 수록된 곡이 『Wee Sing Mother Goose』만큼 많지는 않습니다. 유튜브에서는 Mother Goose Club의 마더구스 영상을 추천합니다.

Wee Sing 시리즈

노부영의 너서리 라임

 ## 책의 난이도를 알려주는 독서능력 지수

 '연령에 맞는 영어책 추천 리스트'에 대한 질문을 참 많이 받는데요, 시원한 정답을 제시할 수 없어 가장 곤란한 질문이기도 합니다. 영어를 거의 접해보지 않은 아이를 위해 쉬운 책을 고르면, 내용이 아이의 인지 수준과 맞지 않아 고민되는 경우도 있고, 분명히 유아를 위한 책인데 어른인 내가 봐도 어려운 어휘가 자꾸 나와서 당황스러운 경우도 많지요.

 이는 영어 그림책이 영어를 모국어로 사용하는 아이들을 위해 만들어진 것이고, 그 책을 읽는 아이들의 어휘 수준이 상당히 높기 때문입니다. 그래서 '아마존 추천 연령이 낮아서 쉬운 줄 알고 책을 골랐는데, 읽어보니 어려워서 우리 아이가 이해를 잘 못하더라' 하는 상황에 종종 처하게 됩니다. 즉, 책을 고를 때 '영어 수준'이라는 변수가 정말 크기 때문에 '연령'과 '영어 수준'을 동시에 고려한 추천 리스트가 아니라면 누구도 섣불리 추천 리스트를 제시할 수 없습니다.

하지만 이럴 때 책의 수준에 대한 객관적 정보를 안다면 책을 고르는 데 큰 도움이 됩니다. 영어 그림책의 수준을 가늠할 때 가장 널리 쓰이는 독서 능력 지수는 렉사일 지수와 AR 지수입니다. 객관적인 독서능력 지수를 파악한 후에 아이의 연령과 인지 수준이라는 변수를 고려해서 책을 고르는 것이 좋습니다.

렉사일 지수

미국에서 가장 광범위하게 쓰이는 독서능력 지수로, 보통 숫자 뒤에 L이 붙는 형태입니다. 렉사일 독자 지수(Lexile Reader Measure)와 렉사일 텍스트 지수(Lexile Text Measure)로 나누어집니다. 테스트를 통해 자신의 독서 수준을 측정하고 자신에게 맞는 렉사일 지수의 책을 고르면 읽기가 훨씬 수월해지겠지요. 렉사일 지수를 개발한 메타메트릭스(MetaMetrics)사는 독자의 렉사일 지수를 측정하는 테스트를 직접 개발하지는 않았지만, 출판사들이 테스트지를 만드는 데에 파트너로 참여했습니다. 렉사일 지수를 측정하고 싶으면 이 테스트를 받거나, 현재 읽고 있는 책의 렉사일 지수를 통해 간접적으로 짐작해야 합니다. 테스트의 경우, 공교육에서 아이의 렉사일 지수를 직접적으로 측정하는 미국과 달리 우리나라는 어학원이나 영어도서관 등에서 개인적으로 테스트를 받아야 해서 상당히 번거롭습니다. 그 대안으로, 무료로 받을 수 있는 독서 레벨 테스트에 관해 4부의 〈다독을 위한 리더스와 챕터북 리스트〉에서 설명하고 있으니 참고하시기 바랍니다.

일반적으로 독자의 렉사일 지수를 기준으로 -100부터 +50까지의 책을 고르는 것이 좋습니다. 만약 독자의 렉사일 지수가 1000L이라면 렉사일 지수 900L부터 1050L까지의 책을 고르면 읽을 수 있습니다. 참고로 학교와 직장에서 요구되는 일반적인 영어 수준은 1355L입니다.

렉사일 지수 중 렉사일 코드를 포함하고 있는 경우도 있는데, 렉사일 코드의 뜻은 아래의 표와 같습니다.

영어 그림책의 렉사일 지수가 알고 싶으면 아마존닷컴이나 렉사일닷컴에서 책 이름을 검색하면 됩니다. 참고로, 이 책에서 소개하는 그림책들의

렉사일 코드

렉사일 코드	의미
AD(Adult Directed)	아이 혼자 읽는 것보다 부모 혹은 교사와 같이 읽는 것을 권장.
NC(Non-Conforming)	읽기 수준이 높은 어린 연령의 학습자에게 적합.
HL(High-Low)	읽기 수준은 높지 않지만, 연령은 높은 학습자에게 적합. RL(Reading Level)과 IL(Interest Level)에 차이가 있는 경우.
IG(Illustrated Guide)	레퍼런스가 같이 있는 경우가 많은 논픽션.
GN(Graphic Novel)	그래픽 노블.
BR(Beginning Reader)	렉사일 지수 0L 이하인 책.
NP(Non-Prose)	시, 연극, 노래, 조리법 등을 다룬 책.

렉사일 지수는 렉사일닷컴의 기준을 따르고 있습니다. 국내 온라인 서점들도 최근 렉사일과 AR 지수를 책 상세페이지에 포함시키는 추세인데, 아직 미비한 부분이 많습니다. YES24는 렉사일 지수에 따른 도서 목록을 제시하고 있고, 웬디북은 책 상세페이지에 AR 지수를 알려주고 있습니다.

AR 지수

르네상스 러닝사(Renaissance Learning, Inc.)에서 개발했으며, 미국 4만

AR과 렉사일 지수 비교

AR 지수	렉사일 지수
1.0~1.9	25~325
2.0~2.9	350~525
3.0~3.9	550~675
4.0~4.9	700~775
5.0~5.9	800~875
6.0~6.9	900~950
7.0~7.9	975~1025
8.0~8.9	1050~1075
9.0~9.9	1100~1125
10.0~10.9	1150~1175

5,000개 이상 학교에서 사용하는 독서관리 프로그램에서 책의 레벨을 정할 때 사용하는 지수입니다. 렉사일 지수와 달리 미국교과서 커리큘럼에 맞추어 한 학년을 총 10개의 단계로 나누었기 때문에 한눈에 책의 수준을 알아볼 수 있으며, 렉사일 지수와 AR 지수는 100퍼센트 호환 가능합니다.

다독을 위한 지수 GRL

폰타스와 핀넬이라는 학자는 책에 나오는 전체 어휘수, 한 번 이상 나온 어휘수, 고빈도 어휘수, 문장의 길이, 문장의 복잡성, 어휘의 반복 정도, 그림의 도움 등을 고려해서 읽기 자료의 난이도를 정했는데, 이를 Guided Reading Level(GRL)이라고 합니다. GRL 지수는 초등 단계를 A부터 Z까지,

렉사일, AR, GRL 지수 비교

학년	렉사일 지수	AR 지수	GRL 지수
K	25		A ~ C
1	50 ~ 325	1.0 ~ 1.9	D ~ J
2	350 ~ 525	2.0 ~ 2.9	K ~ M
3	550 ~ 675	3.0 ~ 3.9	N ~ P
4	700 ~ 775	4.0 ~ 4.9	Q ~ S
5	800 ~ 875	5.0 ~ 5.9	T ~ V
6	900 ~ 950	6.0 ~ 6.9	W ~ Y

총 26개로 나눴습니다.

 이 지수는 개별적인 그림책의 수준을 판별하는 데에도 도움이 되지만, 리더스와 챕터북 등 시리즈 도서의 수준을 볼 때 상당히 유용한 지수입니다.

 참고로, 이 책에서 소개하는 유도적 읽기 단계의 책들은 모두 초등 저학년에 해당하는 GRL H~L에 해당합니다.

영어로 표현하는 동물의 의성어와 의태어

한국어와 영어는 의성어와 의태어에서도 차이가 있습니다. 영어 그림책을 읽을 때 알고 있으면 좋은 동물의 의성어와 의태어를 소개합니다. 글보다는 영상을 보았을 때 이해가 더 잘 되므로 동영상 QR코드를 활용하시기 바랍니다.

Dog	큰 개는 bow wow, 작은 개는 wuff, arf라고 짖습니다.
Cat	고양이는 모션과 의성어 meow가 한국어와 비슷합니다.
Monkey	원숭이가 내는 소리는 Eee Eee Eee Eee Eee Eee로 표현하고, '나무에 매달려 흔들거리다'라는 뜻의 swing을 많이 사용합니다.
Mouse	생쥐는 squeak, squeak, squeak 소리를 내는데, 이를 squeaking sound라고 합니다. 생쥐가 움직이는 모습은 creep이라고 주로 표현합니다.
Bear	곰은 앞발을 휘두르며 grrrrr 소리를 내지요. 이때 내는 소리를 growling sound라고 합니다.
Gorilla	가슴을 주먹으로 치는 동작을 thumping the chest라고 하며, woo woo woo woo 소리를 냅니다.
Lion/Tiger	사자나 호랑이가 으르렁거리는 소리는 roar로 표현합니다.
Bird	노래 부르는 sing, 날개를 퍼덕이는 flap, 날아가는 fly 등의 표현이 있습니다. 손으로 날갯짓을 하며 chirp chirp이라는 소리를 냅니다.
Crow	까마귀 우는 소리는 caw caw로 표현합니다.

Duckling	새끼오리는 quack quack 소리를 냅니다.
Chick	병아리는 beep beep 소리를 냅니다.
Hen	암탉 소리는 cluck cluck cluck으로 표현합니다.
Rooster	수탉 소리는 cock-a-doodle-doo라고 표현하는데요, 수탉 흉내를 내면서 말하면 더 재미있습니다. 한 손은 머리 위에 벼슬처럼 세우고, 한 손은 엉덩이 뒤에 꼬리처럼 세우고 말이지요.
Crocodile/ Alligator	악어가 입을 벌렸다 닫는 것을 snip-snap이라고 표현합니다.
Sheep	양은 baa baa 소리를 냅니다.
Goat	염소는 maa maa 소리를 냅니다.
Horse	말이 히잉 우는 소리를 neigh라고 표현합니다.
Snake	뱀이 움직이는 모습을 slither라고 하며, 뱀이 내는 소리는 hissssss로 표현합니다.
Kangaroo	캥거루가 뛸 때 boing boing이라는 소리를 내며, 그 동작을 bounce라고 합니다.
Rabbit	토끼가 뛰는 것을 hop이라고 표현하고, hippity-hoppity라는 동작 표현을 사용합니다.
Frog	한국어와 가장 다른 소리가 나는 경우인데, ribbit ribbit 소리를 내며 뜁니다. 개구리가 뛰는 동작을 leap이라고 하는데, leap은 아주 높이 뛸 때 사용하는 표현입니다.

동물의 의성어와 의태어
http://bitly.kr/7Efz9

그림책 공부 상담실

Q 아이에게 영어로 읽어주면 자꾸만 우리말로 알려달라고 해요.

영어 그림책을 읽고 있는데 아이가 우리말로 알려달라고 한다면, 두 말 없이, 자연스럽게 우리말로 알려주셔야 합니다. 그리고 곰곰이 생각해보세요. 우리말로 알려달라는 이유가 무엇인지 말이지요.

첫째, 아이가 말 그대로 못 알아듣는 경우입니다. 아이에게 너무 어려운 책을 골랐을 가능성이 높습니다. 아이가 영어에 익숙하지 않을수록 영어 그림책의 수준을 낮추고, 글과 그림이 100퍼센트 일치하는 그림책을 골라보세요.

둘째, 대충 무슨 뜻인지는 알겠는데 시원스럽게 이해가 안 되는 경우입니다. 문장 전체를 해석해주어도 되지만, 되도록이면 어려운 표현만 한글로 바꾸어주는 것이 좋습니다. 예를 들어, 모리스 샌닥의 『Where the Wild Things Are』라는 책에는 "They roared their terrible roars and gnashed their terrible teeth"라는 표현이 나옵니다. 아이가 문맥이나 그림으로 'gnash'라는 표현을 이해하기 힘들기 때문에 이런 장면에서 질문이 나오면 "They roared their terrible roars"를 읽으며 으르렁 울부짖는 소리를 내고, "They gnashed, 이를 뿌드득 갈았대, their terrible teeth."라고 읽어주세요.

그런데 에릭 칼의 『Brown Bear, Brown Bear What Do You See?』처럼 글과 그림이 일치하는 쉬운 책을 골라서 읽고 있는데도 아이가 한글로 해석해달라고 한다면 어떻게 해야 될까요? 이때도 역시 자연스럽게 해석을 해주세요. '내가 못 알아들으면 엄마가 해석해주시는구나'라고 생각하면 마음이 편해지고, '우리말로 들어보니 내가 생각했던 거랑 똑같네'라는 경험을 자꾸 하다 보면 나중에는 그렇게 자주 해석해달라고 요구하지 않는답니다.

셋째, 무슨 뜻인지 다 아는데, 영어가 싫어서 떼를 쓰는 경우입니다. 가장 곤란한 경우이기도 한데요, 영어 그림책 읽기가 재미있는 경험이 되도록 부모가 노력을 많이 하셔야 합니다. 저는 이런 경우 진짜로 해석이 필요 없는 책들을 골라 아이에게 읽어주며 슬슬 재미를 붙여나가도록 도와주거나 재미있는 독후 활동을 하라고 권하고 싶습니다.

샌드라 보인튼의 『Doggies』라는 책은 개 짖는 소리만 10번 나오는 그림책입니다. 해석은 하고 싶어도 할 수가 없고, 영어책을 좋아하지 않는 아이도 어떤 개가 무슨 소리를 내나 궁금해서 슬쩍 다가와서 들여다보게 되는 멋진 그림책입니다. 페기 래쓰먼의 『Good Night Gorilla』도 'Good night, 동물 이름'만 나오는 책이었지요. 단순한 글에 비해 숨은 그림 찾기 책처럼 이것저것 찾으며 재미있게 읽을 수 있어 영어책이라는 느낌 없이 책을 펼칠 수 있게 도와줍니다.

또한 『It Looked Like a Spilt Milk』의 독후 활동처럼 재미있는 활동을 하고 나면 책에 대한 애정도가 올라가서 그 책을 자꾸 읽게 됩니다. 영어 그림책을 읽고 반드시 독후 활동을 해야 되는 것은 아니지만 아이가 흥미를 잃은 상태이거나 애초에 영어 그림책 읽기에 들어가지 못했다면 약간의 놀이를 더하는 것이 좋습니다.

Q 영어 그림책이 어려워서 싫다고 해요. 한글 번역판과 같이 읽어줄까요?

영어 그림책과 번역본을 같이 읽는 것은 책에 따라 영어 학습에 큰 도움이 될 수도 있고, 오히려 방해가 될 수도 있습니다.

동물이나 식물 등 의미가 명확한 단어가 많이 나오는 책일 경우에는 큰 도움이 됩니다. 하지만 리듬이나 라임, 의성어 등이 많이 포함된 책일 경우, 한글 번역본은 원래의 어감을 전달하지 못하고 밋밋한 글을 보여주기 때문에 그림이나 줄거리 등 다른 곳에 그 책의 가치를 두고 읽는 것이 좋습니다.

아직 영어 그림책에 익숙하지 않은 아이라면 글과 그림이 일치하지 않고 서로 다른 이야기를 하고 있는 책의 경우, 한글 번역본을 보는 것이 내용을 이해하는 데에 도움이 될 수 있습니다. 글과 그림이 서로 다른 내용을 말하고 있거나, 글과 그림이 합해져야 내용이 완성되는 책은 글의 내용을 정확하게 알고 그림으로 그 의미를 확장시킬 수 있어야 합니다. 그림으로 이런 내용일 것이라고 짐작해서 영어 그림책을 읽는다면 글의 의미를 엉뚱하게 해석할 수도 있다는 뜻입니다. 대표적인 예로 『The Tunnel』을 비롯한 앤서니 브라운의 그림책이 그런 경우인데, 영어 그림책으로 앤서니 브라운의 책을 즐기려면 일정 수준의 영어 실력이 필요하기 때문에, 영어 실력이 좋아질 때까지 기다리지 말고 한글 번역본으로 읽기를 추천합니다.

하지만 어떤 경우라도 영어 학습을 목적으로 영어 그림책과 번역본을 같이 읽을 때는 한글 해석이 원문의 의미를 제한한다는 것을 기억하면 좋겠습니다. 무엇보다, 영어책을 읽다가 모르는 단어를 만났을 때 문장 안에서 그 의미를 짐작하고, 그 모호함이 여러 차례의 비슷한 경험을 통해 명확한 의미로 자리 잡는 과정이 가진 힘을 기억하기 바랍니다. 그 힘이 바로 영어로 사고하고, 영어로 표현할 수 있도록 아이를 이끄는 힘이 될 테니까요.

3부

2단계, 부모와 아이가 함께 읽기

반복해서 읽으며 키우는
영어 자신감

함께 읽기(Shared Reading)는 말 그대로 부모와 아이가 책을 함께 읽는 단계입니다. 내용 이해와 책 읽기의 즐거움을 키우기 위해 부모가 오랜 기간 다양한 책을 꾸준히 읽어주는 리드 어라우드와, 아이가 자기 수준에 맞는 책을 골라 부모의 도움을 받아가며 읽는 유도적 읽기 사이에 있는 읽기 형태입니다. 부모가 읽어주는 소리를 주로 듣기만 했던 리드 어라우드와 달리 함께 읽기 단계에서는 아이의 참여와 역할이 점점 커집니다.

리드 어라우드 단계에서 함께 읽기 단계로 넘어가는 시점은 아이의 연령과 영어 수준에 따라 다릅니다. 다만, 함께 읽기 단계는 유치 단계 이상 아이들에게 적합한 학습 형태임을 참고해주세요.

원칙적으로 함께 읽기는 리드 어라우드를 어느 정도 진행한 다음에 하는 것이 좋지만, 초등 저학년이라면 리드 어라우드와 함께 읽기를 동시에 진행하는 것도 괜찮습니다. 이미 학습 능력을 갖춘 초등학생에게 부모 주도의 리드 어라우드를 장시간 진행하는 게 현실적으로 어렵기 때문입니다.

함께 읽기 단계를 시작했더라도 리드 어라우드를 계속 같이 해주는 것이 좋습니다. 이 책에서는 함께 읽기를 위한 그림책을 소개할 때마다 비슷한 수준이면서 같은 주제를 가진 그림책을 함께 소개하고 있으니, 이 연관 도서로 리드 어라우드를 꾸준히 해주시길 바랍니다.

그렇다면 부모와 아이가 책을 어떻게 함께 읽을 수 있을까요? 여기에서는 아이를 읽기에 동참시킨다는 개념으로 생각하시면 좋겠습니다. 함께 읽기는 부모가 먼저 읽고 아이가 바로 따라 읽는 방법(Echo Reading), 부모가 읽던 중간에 아이가 채워서 읽는 방법(Fill in the Gap Reading), 혹은 부모와 아이가 번갈아가며 읽거나, 둘이 동시에 같이 읽는(Choral Reading) 등의 방법이 있습니다.

그 중 제일 쉬운 것은 따라 읽기인데, 엄마의 목소리나 오디오 CD를 한 문장씩 듣고 따라 읽도록 유도하는 것을 말합니다. 거의 모든 그림책이 유튜브에 리드 어라우드 영상을 가지고 있으니, 부모의 발음이 걱정된다면 영상 속 목소리를 활용해도 좋습니다. 따라 읽기를 할 때는 꼭 '문장 단위'로 읽어야 합니다. 그래야 문장 속 강세(Stress)를 알아차릴 수 있고, 덩어리(Chunk)로 끊어 읽기가 가능해집니다.

채워 읽기의 경우, 반복되는 부분을 아이가 말하도록 유도합니다. 고미 타로의 『My Friends』에서는 "I learned to (동작 동사) from my friend the (동물 이름)."이라는 문장이 반복됩니다. 처음에는 따라 읽도록 유도하고, 다음에 읽을 때는 그림으로 쉽게 알아볼 수 있는 동물 이름 부분만 아이가 말하도록 하면서 책을 읽을 수 있겠지요.

리드 어라우드 단계와 마찬가지로 이 단계에서도 쉬운 책을 골라야 합니다. 아이가 따라 읽기 어렵지 않으면서도 문장 패턴이 반복되는 책을 골라서, 여러 번 읽어 나중에는 자연스럽게 외워질 때까지 읽는 것이 함께 읽기의 특징입니다. 그래서 함께 읽기의 시작 단계에서 접하는 책은 리드 어라우드 단계에서 접했던 책보다 쉬운 경우도 많습니다. 이는 아이가 서서히 스스로 읽기를 준비해야 하기 때문입니다. 한 권의 책을 몇 번이나 읽어야 하는가에는 정답이 없습니다. 그림책을 활용한 영어 학습을 연구하는 애나 라도(Ana Lado) 교수는 한 권의 그림책을 얼마나 반복해서 읽어야 하는지는 책에 따라 다르며, 4회 또는 8회가 될 수도 있다고 말했습니다.

함께 읽기를 어느 정도나 진행해야 하는지도 아이의 연령이나 각자가 처한 상황에 따라 다르기 때문에 특정하기 어렵습니다만, 영어를 모국어로 사용하는 아이들이 유치원에서 2년가량 함께 읽기 수업을 받고 있음을 참고할 수 있겠습니다. 함께 읽기의 다음 단계인 유도적 읽기의 경우, 교사나 부모보다 아이가 주도적으로 책 읽기를 진행하게 된다는 점을 고려하면, '아이가 쉬운 책이라도 스스로 읽으며 다독을 병행할 수 있을 때까지'라고 생각해도 좋습니다. 영어를 처음 배우기 시작했지만 학습 능력이 있는 초등학생이라면 리드 어라우드와 함께 읽기를 동시에 진행하고, 함께 읽기의 기간도 1년 이내로 줄일 수도 있습니다.

함께 읽기 단계에서 시작하는 영어 학습

　리드 어라우드 단계를 차근차근 밟아왔거나 함께 읽기와 리드 어라우드를 동시에 진행하고 있다면, 감정, 신체, 동물, 의복, 과일, 색깔, 숫자 등 기본 주제와 관련된 어휘 지식을 어느 정도 쌓았을 것입니다. 이제 함께 읽기 단계에서는 **다양한 어휘 학습 전략을 사용해서 보다 깊이 있게 어휘를 익혀야 합니다.** 책을 읽기 전과 후에 중요한 어휘를 학습한다거나, 주제별 그림 사전을 이용해서 같은 주제의 어휘를 확장해서 익히는 등의 방법으로 적극적으로 어휘를 배우게 됩니다.

　그 중에서도 사이트 워드를 꼭 익혀야 합니다. 사이트 워드(Sight Word)는 보는 순간 읽어내야 하는 어휘를 말합니다. 소위 '통문자'로 익히는 어휘이지요. 연구에 따르면 100개의 최고 빈출 어휘, 즉 100개의 사이트 워드가 우리가 읽는 책의 50퍼센트를 차지한다고 합니다. 따라서 최소한 100개의 사이트 워드를 함께 읽기 단계에서 우선적으로 익히는 것이 좋으며, 이를 통해 읽기의 유창성도 기를 수 있습니다.

한글은 글자 모양이 정사각형인데 영어는 d, l처럼 위로 올라가거나 g, p처럼 아래로 내려가는 모양이 있어 그 형태가 훨씬 다채롭습니다. 사이트 워드 학습은 해당 어휘를 자주 보여주어 올라가고 내려가는 모양 그대로 머릿속으로 사진 찍듯이 기억하게 하는 것이 좋습니다. 사이트 워드를 종이에 적어 플래시 카드를 만들어 자주 읽어주거나 벽에 붙여놓고 오며 가며 보도록 하면 좋겠지요.

함께 읽기 단계에 있는 15권의 그림책을 설명하면서 옥스퍼드 코퍼스(Oxford English Corpus)가 제시하는 고빈도 어휘 100개 중 해당 그림책을 통해 배울 수 있는 사이트 워드 5개를 함께 소개했습니다. 옥스퍼드 코퍼스는 전 세계에서 사용하는 영어 표현을 모아놓은 저장소로, 여기에서 뽑은 가장 빈도수가 높은 단어 목록 100개는 147쪽의 표와 같습니다.

함께 읽기는 사이트 워드 익히기와 함께 파닉스 학습이 시작되는 단계이기도 합니다. 파닉스는 영어의 소리와 그 소리를 나타내는 문자와의 관계를 알기 위한 학습법으로, 리드 어라우드와 사이트 워드 익히기를 꾸준히 하면서 알파벳 사운드 중심의 간단한 파닉스룰을 배운다면 함께 읽기 단계를 진행하는 데 어려움이 없을 것입니다. 3부에서 소개하는 2단계 그림책에서는 각 책마다 책 내용과 연관된 알파벳 1개를 소개하고 있습니다. 그 외에 파닉스와 관련하여 많이 하는 질문들은 뒤에서 다시 한번 설명을 드리겠습니다.

함께 읽기는 책을 읽어주는 데 집중했던 리드 어라우드 단계와 달리, 책 읽기 전과 읽은 후 활동을 보다 구체적이고 다양하게 해볼 수 있는 단계이기도 합니다. 책을 읽기 전에는 책의 내용을 이해하는 데 꼭 필요한 어휘 미리 배우기, 표지 보며 책 내용 짐작하기, 그림책의 그림을 찬찬히 살피며 추측해보기 등을 해볼 수 있습니다. 책을 읽은 후에는 이야기 요약하기, 다른 결말 생각해보기, 원인과 결과 분석하기 등을 통해 내용에 대한 이해를 넓혀줄 수 있습니다.

한 권의 책을 여러 번 읽으며 이해 가능한 입력이 일정 부분 이루어졌다면, 이제는 의미 있는 출력이 일어나야 합니다. 책의 내용 다시 말하기, 기본 문장 패턴 안에서 새로 배운 단어를 이용해 새로운 문장 만들어보기 등의 말하기 활동과 따라 쓰기 수준의 아주 간단한 쓰기에 들어갈 수 있습니다. 여기서 주의할 점은 말하기, 쓰기와 같은 출력은 읽기, 듣기, 영어 영상 보기 등의 입력이 충분히 이루어졌을 때 비로소 가능하다는 것입니다. 함께 읽기 시작 단계에서는 말하기와 쓰기에 큰 비중을 두지 말고 천천히 진행하는 것이 좋습니다.

옥스퍼드 코퍼스 사이트 워드 100

초성	사이트 워드
A, B	a, and, as, at, an, all, about, also, any, after, be, but, by, back, because
C, D, E, F, G	could, can, come, do, day, even, for, from, first, get, go, good, give
H, I, J, K	have, he, his, her, him, how, in, I, it, if, into, its, just, know
L, M, N	like, look, my, me, make, most, not, now, new, no
O, P, S	of, on, or, one, out, only, over, our, other, person, say, she, so, some, see
T, U	the, to, that, this, they, there, their, time, take, them, than, then, think, two, these, up, use, us
W, Y	with, we, will, would, what, who, which, when, work, well, way, want, you, year, your

함께 읽기 단계에서 읽으면 좋은 그림책

　이번에 소개하는 15권의 그림책은 반복되는 문장 패턴을 가지고 있어 아이가 쉽게 따라할 수 있는 책들입니다. 두운과 라임이 살아 있는 책들도 여러 권 소개했는데, 소리 내어 읽을 때 착착 붙는 느낌이 들어 읽는 재미가 있고, 영어의 맛을 자연스럽게 익히는 데 도움이 됩니다. 단어 하나하나 외우기보다 덩어리로 익히는 게 더 좋은 문장들을 담고 있어서, 여러 번 반복해서 읽어 입에 붙도록 지도해주시면 좋겠습니다.

　여기에서도 렉사일 지수를 기본적으로 고려하고, 제가 그동안 수업했던 경험에 기반해서 쉬운 순서대로 소개했습니다.

　함께 읽기 단계에서는 리드 어라우드와 달리 한 권의 책을 여러 번에 걸쳐 읽고 학습하게 됩니다. 책을 여러 번 읽어도 질리지 않도록 책 내용과 맞는 독후 활동을 함께 하는 것이 좋습니다. 교육 현장에서 많이 쓰이는 독후 활동을 중심으로 집에서도 엄마와 아이가 쉽게 해볼 수 있는 활동들을 소개하고자 했습니다. 책 내용을 기억하는 놀이부터 책 속 어휘를 익히거나 문장 패턴을 활용하는 놀이, 그리고 내용을 제대로 이해했는지 알아보는 활동까지 다양하게 나와 있으니, 책에 따라 적합한 방식을 택해 자유롭게 시도해보셔도 좋습니다.

또한, 본격적으로 파닉스를 배우는 단계이니만큼 각 그림책마다 그에 적합한 알파벳 사운드 하나와 사이트 워드 5개를 소개했습니다. 파닉스와 사이트 워드 학습법과 관련해서는 뒤에서 좀 더 자세하게 다루고 있으니 참고하시길 바랍니다.

2단계
그림책
01

『ROSIE'S WALK』
글, 그림 Pat Hutchins

전치사 익히기 딱! 좋은 그림책

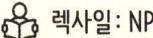 렉사일: NP

주제: 농장, 전치사

사이트 워드: back, for, in, over, time

파닉스: /r/ sound (Rosie, under, over, dinner)

어휘: yard(마당), pond(연못), haystack(짚단), mill(방앗간), fence(울타리), beehive(벌집)

▶ 팻 허친스는 『The Wind Blew』라는 책으로 1974년 케이트그린어웨이 위너상을 수상한 영국 작가로 『Rosie's Walk』는 그의 첫 그림책입니다. 이 책의 기본 줄거리는 암탉의 평화로운 저녁 산책으로, 글은 암탉의 산책에 대해 이야기하고 있지만 그림은 암탉을 잡아먹으려다 곤경에 빠지는 여우의 수난을 표현하고 있습니다. 이렇게 글과 그림이 서로 다른 이야기를 하고 있어서, 그림책의 역사에 대해 이야기할 때 빠지지 않고 소개되는 책입니다. 같은 이유로, 영어 수준은 낮지만 인지 수준이 높은 초등학생들이 무척 좋아하는 책이기도 하고요.

본문은 "Rosie the hen went for a walk across the yard.(암탉 로지는 뜰을 가로질러서 산책하러 갔어요.)"로 시작됩니다. 기본 문형은 '(전치사) the (장소)'로, around the pond(연못가를 돌아), over the haystack(짚단을 넘어)처럼 쓰입니다. 암탉이 산책하는 장소에 대한 어휘는 책을 읽으며 그림으로 충분히 추측할 수 있지만, 전치사는 그렇지 않으므로 따로 알려주는 것이 좋습니다.

전치사를 설명하는 데 도움이 되는 챈트를 하나 알려드릴게요. 먼저 검지와 중지 손가락을 이용해서 내 머리 위에 올라간 개미 흉내를 내는 것인데요, QR코드의 동영상을 보면서 따라 해보세요.

There is an ant on my head. (검지와 중지를 다리처럼 벌려 머리 위에 올려놓습니다.)

It goes through my hair. (머리카락 사이를 오갑니다. 엄마의 머리가 헝클어질

수록 아이들이 좋아한답니다.)

    It goes across my cheek. (뺨을 가로질러 입 근처로 갑니다.)

    It goes around my mouth. (입 주위를 한 바퀴 돕니다.)

    It goes over my nose. (코를 넘어갑니다.)

    It goes past my eye. (눈 옆을 지나갑니다.)

    It goes into my hair again! (머리카락 사이로 들어갑니다.)

이 활동을 좀 더 확장해서 아이의 팔을 들게 하고 'under the arm'이라는 표현을 추가해도 좋습니다.

이 책은 독후 활동으로 암탉을 그리면서 신체부위 명칭 알아보기 등 여러 가지 시도를 해볼 수 있는 책인데요, 그 중에서도 아이들은 여우의 입장에서 생각해보고 여우에게 말풍선을 달아보는 활동을 특히 더 재미있어 합니다. 여우의 이름을 벤(Ben)으로 정하고, 벤의 대사를 포스트잇에 적은 다음 해당 그림에 붙여주는 활동입니다.

Ben the fox went out hen hunting (여우 벤은 암탉 사냥에 나섰어요.)
Hit by the rake "Ouch!" (갈퀴에 맞고 "아야!")
Fell into the pond "Splash!" (연못에 빠져 "풍덩!")
Sank into the haystack "Oops!" (짚단에 빠져 "이런!")
Covered with the flour "Atchoo!" (밀가루를 덮어쓰고 "에취!")
Landed on the wagon "Whee~" (왜건을 타고 "휙~!")
Hit the beehives "Oh, no~" (벌집을 치고 "안 돼~!")
Chased by bees "Go away!" (벌에게 쫓기며 "저리 가!")

스토리보드 만들기

또는 그림 자료를 이용해서 스토리보드를 만들어 책의 내용을 다시 말하는 활동을 해볼 수도 있습니다. 그림 자료는 키즈클럽을 이용하거나 구글에서 'sparklebox rosie's walk'로 이미지 검색을 하면 다양한 그림 자료들을 받아볼 수 있답니다.

* 함께 읽으면 좋아요!

전치사를 더 알고 싶을 때 읽으면 좋은 그림책
『Inside Mouse, Outside Mouse』 글, 그림 Lindsay Barrett George
『Early Bird』 글, 그림 Toni Yuly
『Up, Down, and Around』 글 Katherine Ayres, 그림 Nadine Bernard Westcott

스파클박스 활용하기

스파클박스(www.sparklebox.co.uk)는 좋은 영어 자료가 많은 영국 사이트입니다. 홈페이지에서 Literacy 메뉴와 Stories and Rhymes 메뉴를 연달아 클릭하면 50권의 그림책 자료를 찾을 수 있습니다. 이외에도 파닉스, 주제별 그림카드, 역할 놀이 가면 등 활동자료들이 헤아릴 수 없이 많은데, 회원가입 없이 무료로 이용할 수 있답니다. 자료가 워낙 방대하다 보니 길을 잃기 쉽고 자칫하면 광고를 누르게 된다는 단점이 있습니다. 그래서 직접 홈페이지로 들어가는 것보다 구글에서 'sparklebox (원하는 자료)' 형식으로 이미지 검색을 사용하는 것이 더 편합니다.

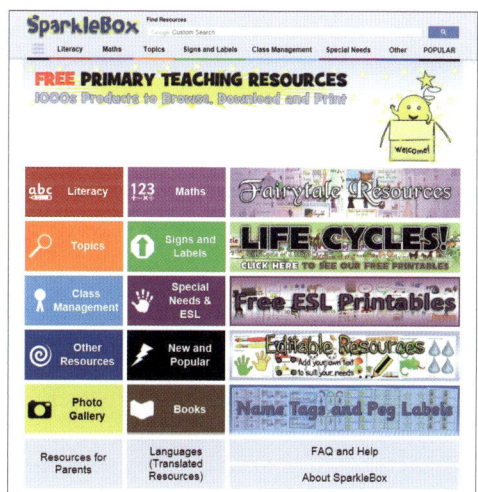

스파클박스 홈페이지

2단계
그림책
02

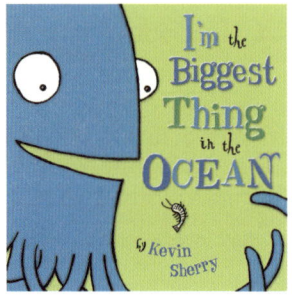

『I'M THE BIGGEST THING IN THE OCEAN!』
글, 그림 Kevin Sherry

허세 가득 문어의 비교급 수업

- 렉사일: AD200L
- 주제: 바다, 비교급
- 사이트 워드: even, first, than, that, these
- 파닉스: 'th' sound (thing, this, that, these, than)
- 어휘: squid(오징어), shrimp(새우), clam(조개), crab(게), turtle(거북이), octopus(문어), shark(상어), whale(고래), ocean(바다)

▶ 『I'm the Biggest Thing in the Ocean!』은 자만심과 무한 긍정 마인드 사이 어딘가에 있는 거대 오징어의 자화자찬 이야기입니다. 작가 케빈 셰리는 배경이 되는 바다는 은은하고 몽환적인 색으로 표현하고, 물고기들은 강렬하고 시원하게 나타냈습니다. 특별히 숨겨진 그림이 있거나, 심혈을 기울여서 설명해야 하는 장면이 나오지는 않아서 편안하게 읽다 보면 그림으로 모든 것이 설명되는 책입니다.

주인공 오징어가 이렇게 말하며 등장합니다. "I'm a GIANT squid and I'm BIG.(나는 거대 오징어야, 나는 몸집이 크다구.)" 책을 읽으며 유의할 점은 이렇게 문장 중간에 크기가 달라지거나, 대문자로 표현된 어휘들입니다. 글자가 커지거나 대문자로 표현된 경우는 강조해서 힘주어 읽고, 글자가 작아진 경우는 소근소근 작은 소리로 읽어주라는 작가의 의도가 담겨 있는 부분입니다.

거대 오징어는 바닷속 생물들과 비교해봐도 자기가 더 크다고 자랑을 해요. "I'm bigger than these shrimp.(나는 이 새우보다 더 커.)", "I'm bigger than these turtles.(나는 이 거북이들보다 더 커.)" 이 물고기, 저 물고기 다 비교해봐도 자기가 이 바다에서 가장 큰 생물이라며 뿌듯해합니다. 바로 그때 뒤에서 고래가 다가오고, 입을 쫘악 벌리고 있다가 거대 오징어를 꿀꺽 삼킵니다. 헉! 오징어는 이제 어떡하지요?

그런데 무한 긍정 오징어가 말합니다. "I'm the biggest thing in this whale!(나는 이 고래 안에서 가장 크다구!)" 정말 귀엽지 않나요?

책에서는 이처럼 big-bigger-biggest로 이어지는 비교급 관련 어휘의 쓰

임을 자연스럽게 보여줍니다. 비교급 관련 어휘는 일상생활에서 쉽게 알려줄 수 있는데, 가족 사진을 보면서, 혹은 아이의 장난감을 쭉 늘어놓고 "Which one is the biggest?(어떤 것이 제일 크지?)"라고 물어보세요. 아무거나 두 개를 골라 "Which one is bigger?(어떤 것이 더 커?)"라고 물어봐도 좋고요.

또한, 이 책에서는 this-that-these 등의 지시대명사도 나옵니다. 대명사를 알려줄 때에도 장난감들을 하나씩 혹은 여러 개를 여기저기에 놓아두고 this(이것), that(저것), these(이것들), those(저것들) 등을 알려줄 수 있습니다.

숨겨진 그림은 없지만, 꼭 짚어주고 싶은 재미있는 장면은 있습니다. 책의 뒷부분에 고래 뱃속 장면이 4페이지에 걸쳐 나오는데, 숨은 그림 찾기처럼 이 페이지에서 책에 나오는 모든 등장인물을 찾아보세요. 이 책에서 아이들이 가장 좋아하는 활동이랍니다.

책을 읽으며 한 가지 더 주의해야 할 부분은 물고기와 관련된 복수형입니다. 책에 나오는 shrimp는 복수형으로 shrimp와 shrimps 모두 쓸 수 있습니다. shrimp가 복수형으로 사용되는 경우가 일반적이지만, 서로 다른 종류의 새우를 한꺼번에 언급할 때 혹은 방언들 중에서 shrimps를 사용하기도 합니다. fish도 마찬가지입니다. 복수형은 fish이지만, 여러 종류의 물고기를 표현할 때 fishes라고 하기도 합니다. 그 외에도 salmon(연어), trout(송어) 같은 물고기는 복수형으로 원형, 혹은 끝에 's'를 붙이는 경우 모두 사용합니다.

영어를 간편하게 사용하는 최근의 흐름상 복수형에 '-s'나 '-es'를 붙이는 경우가 더 많아지고 있음을 기억해두면 좋겠습니다.

* 함께 읽으면 좋아요!

바다, 물고기를 주제로 한 그림책
『Hooray for Fish!』 글, 그림 Lucy Cousins
『Way Down Deep in the Deep Blue Sea』 글 Jan Peck, 그림 Valeria Petrone
『Poor Little Guy』 글, 그림 Elanna Allen

2단계
그림책
03

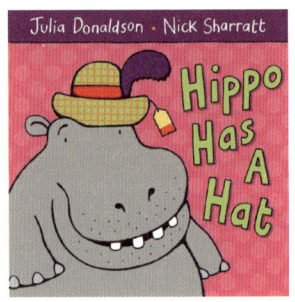

『HIPPO HAS A HAT』
글 Julia Donaldson, 그림 Nick Sharratt

멋쟁이 동물들의 쇼핑 이야기

- 아마존 추천 연령: 만 2~5세
- 주제: 동물, 의복
- 사이트 워드: be, look, say, them, these
- 파닉스: /z/ sound (zebra, zip)
- 어휘: leopard(표범), toad(두꺼비), caterpillar(애벌레), stag(수사슴), anorak(파카), tracksuit(추리닝), string of beads(구슬 목걸이)

『The Gruffalo』로 세계적 명성을 얻은 줄리아 도널드슨의 작품입니다. 줄리아 도널드슨은 5살 때 아버지로부터 시집을 한 권 선물 받았는데, 시집을 통째로 외우며 시에 푹 빠져들었다고 합니다. 그래서 그녀의 모든 그림책은 내용이 길든 짧든 운율이 살아 있어 마치 시처럼 읽을 수 있지요. 『Hippo Has a Hat』을 읽을 때도 시를 낭송하듯이 소리 내어 읽으며 운율을 느껴보세요.

이 책은 열네 마리 동물들이 옷 가게에 들어가서 옷을 하나씩 입어보는 내용입니다. 그림에서 재미있는 부분은 이전 페이지의 동물은 페이지 왼쪽에, 다음 페이지에 나올 동물은 페이지 오른쪽에 살짝 보인다는 점입니다. 이 책은 다 읽고 난 후 아이와 퀴즈 놀이를 하기에도 좋습니다. 동물 이름의 첫 글자와 의복의 첫 글자가 맞아 쉽게 기억되거든요. Hippo-hat, Cat-cardigan, Camel-coat, Toad-tracksuit, Zebra-a dress with a zip, Stag-a string of beads 등이 있습니다.

두운이 맞는 어휘로는 동물과 의복 말고도 옷 가게에서 자주 쓰는 동사가 포함되어 있습니다. 두운을 의식하며 문장 안에서 해당 동사를 익히도록 합니다.

Tiger tries a shirt. (호랑이는 셔츠를 입어봐요.)
Leopard likes this skirt. (표범은 이 치마를 좋아하지요.)
Hippo has a hat. (하마는 모자를 쓰고 있네요.)
Flamingo buys a bag. (플라밍고는 가방을 샀어요.)

참고로, 라임이 맞는 어휘도 8세트 나옵니다. shirt-skirt, hat-Cat, coat-Goat, big-Pig, stuck-Duck, caterpillar-Gorilla, bag-Stag, smart-start 등이지요. 이처럼 두운과 라임이 딱 맞아떨어지는 문장은 줄리아 도널드슨 그림책의 특징입니다.

책을 읽은 후 퀴즈로 책의 내용에 대해 이야기하는 것도 내용을 정리하고 기억하는 데에 도움이 되는 좋은 활동입니다. 질문을 하면서 두운이 같은 단어를 특히 강조하여 질문하고, 답은 단어 하나만 말하는 것이 아니라 전체 문장을 말하도록 유도해주세요.

Mom : Who **tries** a shirt? (누가 셔츠를 입지?)

Child : **Tiger**! Tiger tries a shirt. (호랑이요! 호랑이가 셔츠를 입어요.)

Mom : Who **likes** a skirt? (누가 치마를 좋아하지?)

Child : **Leopard**! Leopard likes a skirt. (표범이요! 표범은 치마를 좋아해요.)

Mom : Who **has a hat**? (누가 모자를 쓰고 있지?)

Child : **Hippo**! Hippo has a hat. (하마요! 하마가 모자를 쓰고 있어요.)

Mom : Who has a **cardigan**? (누가 가디건을 입고 있지?)

Child : **Cat**! Cat has a cardigan. (고양이요! 고양이가 가디건을 입고 있어요.)

이런 방식으로 두운이 맞는 동물과 의복을 묶어서 질문하는데, 이외에도 Toad-tracksuit, Zebra-a dress with a zip, Stag-a string of beads 등의 조합으로 질문을 던질 수 있습니다.

* 함께 읽으면 좋아요!

리듬과 라임을 주제로 한 그림책
『Shark in the Park!』 글, 그림 Nick Sharratt

의복을 주제로 한 그림책
『Washing Line』 글, 그림 Jez Alborough

우리말과 다른 영어의 소리, 두운

값싼 고기, 사라진 신발, 고생하는 기린, 도망가는 다람쥐! 이 표현들을 큰 소리로 읽어보았을 때 뭔가 특별히 귀에 감기는 느낌이 있나요? 그렇다면 이 표현들은 어떤가요? Minute Maid(미닛 메이드), Dunkin Donuts(던킨 도너츠), Coca Cola(코카 콜라), Mickey Mouse(미키 마우스), Donald Duck(도널드 덕), Sweet Sixteen(16강), Elite Eight(8강), Final Four(4강), Do or Die(죽을 힘을 다해 해라!), Practice makes perfect.(열심히 하면 된다.) 뭔가 귀에 찰떡처럼 딱 달라붙지 않나요? 연속된 단어의 첫 소리 맞추기. 이것이 바로 영어의 두운(Alliteration)입니다.

두운은 광고, 속담, 책의 제목 등에 두루두루 쓰입니다. 우리에게 익숙한 영화 제목으로 한 번 살펴볼까요? 〈Batman Begins(배트맨 비긴즈)〉, 〈Brother Bear(브라더 베어)〉, 〈Dirty Dancing(더티 댄싱)〉, 〈Dr. Dolittle(닥터 두리틀)〉, 〈The Fantastic Four(판타스틱 4)〉, 〈Finding Forrester(파인딩 포레스터)〉, 〈Guardians of the Galaxy(가디언즈 오브 갤럭시)〉. 정말 많지요? 제가 정말 좋아하는 〈해리포터〉 시리즈에도 두운을 맞춘 단어가 상당히 많이 있습니다. 호그와트를 만든 4명의 위대한 마법사 이름부터 심상치 않습니다. Godric Gryffindor(고드릭 그리핀도르), Salazar Slytherin(살라자르 슬리데린), Helga Hufflepuff(헬가 후플푸프), Rowena Ravenclaw(로웨나 래번클로).

영어에서 두운이 얼마나 중요한지 알겠지요? 『A Dragon on the Doorstep』 같은 책을 읽고 자란 아이라면 정말 자연스럽게 두운을 맞춘 글을 즐기고, 더 자라서는 맛깔 나는 말하기 혹은 글쓰기를 할 수 있을 것입니다. 영어 그림책 중 두운이 잘 맞는 그림책으로는 앞서 소개한 『Hippo Has a Hat』 이외에도 『If You See a Kitten』(by John Butler), 『Yummy Yucky』(by Leslie Patricelli), 『Piranhas Don't Eat Bananas』(by Aaron Blabey) 등이 있습니다.

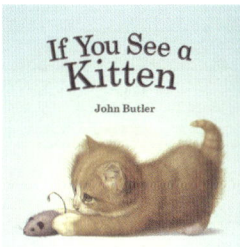
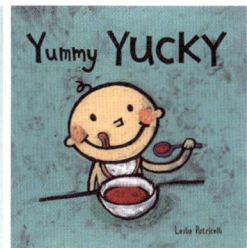
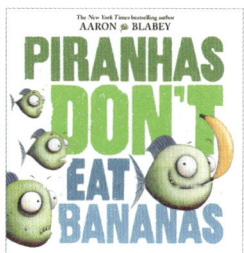

2단계
그림책
04

『BUTTERFLY BUTTERFLY: A BOOK OF COLORS』
글, 그림 Petr Horáček

아이도 어른도 모두 사로잡은 나비 한 마리

- 아마존 추천 연령: 만 3~7세
- 주제: 곤충, 색깔, 패턴
- 사이트 워드: about, all, its, could, one
- 파닉스: /b/ sound(butterfly, beautiful, brown, beetle, busy, buzz)
- 어휘: caterpillar(애벌레), spotty(점이 많은), shimmering(반짝반짝 빛나는), chase(따라다니다), wriggle(꿈틀거리다), scurry(급히 가다), slither(스르르 미끄러지듯이 가다), munch(와삭 먹다), buzz(윙윙 소리를 내다)

▶ 곤충과 관련된 다양한 표현을 배울 수 있는 유익하고 재미있는 책입니다. 책을 읽다 보면 페이지 중간에 구멍이 뚫려 있어 만지고 들여다보는 재미가 있고, 팝업도 아주 인상 깊게 나온답니다.

반짝이는 표지부터 심상치 않습니다. 화려한 컬러의 나비 한 마리가 한 가운데에 자리하고 있고, 주변은 홀로그램으로 반짝반짝 빛이 납니다. 표지를 넘기면 책에 등장하는 곤충과 동물들이 모두 나오는 면지가 보이는데, 곤충과 동물을 하나씩 짚어주면서 명칭을 얘기해볼 수도 있고요.

물방울 무늬 원피스를 입은 소녀 루시(Lucy)는 어느 날 정원에서 예쁜 나비 한 마리를 발견합니다. 그렇게 나비랑 즐겁게 놀고, 그 다음 날도 나비를 기다리지요. 그런데 나비는 오지 않고 정원에 살고 있는 다른 흥미로운 동물들을 관찰하게 됩니다. 결국 나비 찾기를 포기하고 팔베개를 한 채 하늘을 올려다보는데, 아주 커다란 나비가 팝업으로 나타나지요. 바로 이 마지막 페이지가 이 책의 하이라이트랍니다.

팔베개를 하고 누워 있는 루시 주변도 잘 살펴보면 책에 나왔던 곤충과 동물들이 모두 숨어 있어요. 아이들과 하나씩 찾아보는 재미도 놓치지 마세요.

기본 문형은 곤충과 곤충을 묘사하는 표현, 동작으로 이루어져 있습니다. 달팽이는 "a snail with an orange shell, slithering(바닥을 기어가는 오렌지 껍데기를 가진 달팽이)"으로 표현했고, 거미는 "a brown spider, busy spinning her web(거미줄을 만드느라 바쁜 갈색 거미)"으로 표현되었지요. 동작과 관련된 동사들을 아이와 함께 손동작으로 표현하고 말해보는 것도 좋습니다.

한편, beetle(딱정벌레)과 ladybird(무당벌레)가 함께 등장하는 페이지가 있는데요, 아이들이 이 둘의 차이가 무엇인지 정말 많이 물어봅니다. 딱정벌레는 무당벌레를 비롯해 장수풍뎅이와 사슴벌레 등 대략 곤충의 3분의 1을 통칭하는 말이랍니다. 한편, 무당벌레는 미국판에서는 ladybird로, 영국판에서는 ladybug로 나옵니다.

책 읽기를 마친 후 활동으로는 책의 내용을 그대로 적는 쓰기 활동을 추천합니다. 가장 좋아하는 장면을 골라서 장면을 그린 다음 그 내용을 그대로 적어도 좋고, 집에 도장 찍는 스탬프가 있다면 손가락으로 스탬프를 찍어 작은 동물을 나타내는 활동을 한 후 글을 적어도 좋습니다.

살짝 어려울 수도 있지만, 조금 더 나아가서 새로운 표현을 만들어볼 수도 있습니다. 아이가 좋아하는 곤충이나 동물을 고르고, 그 동물이 어떤 상태인지 표현해보는 것이지요. 아래의 예문을 참고해주세요.

a green caterpillar building a cocoon (번데기를 만드는 초록 애벌레)
a slug waiting for the rain (비를 기다리는 민달팽이)
a grey fly buzzing about (윙윙거리며 날아다니는 잿빛 파리)
a hungry mosquito looking for me (나를 찾아다니는 배고픈 모기)

* 함께 읽으면 좋아요!

곤충과 의성어를 주제로 한 그림책
『Bugs! Bugs! Bugs!』 글, 그림 Bob Barner
『In the Tall, Tall Grass』 글, 그림 Denise Fleming

패턴을 주제로 한 그림책
『Dog's Colorful Day』 글, 그림 Emma Dodd

2단계
그림책
05

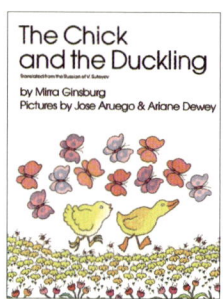

『THE CHICK AND THE DUCKLING』

글 Mirra Ginsburg, 그림 Jose Aruego, Ariane Dewey

따라쟁이 병아리의 홀로서기

- 렉사일: AD210L
- 주제: 새, 성장, 우정
- 사이트 워드: am, me, not, out, the
- 파닉스: /tʃ/ sound (chick, catch)
- 어휘: chick(병아리), duckling(아기 오리), dig a hole(구멍을 파다) come out of the shell(알을 깨고 나오다), take a walk(산책하다),

▶ 아기 오리와 병아리가 주인공인 사랑스러운 그림책입니다. 아기 오리보다 조금 늦게 태어나 무조건 아기 오리를 따라 하는 병아리가 둘의 차이를 받아들이고 자신만의 길을 찾는다는 줄거리입니다.

책을 읽기 전에 먼저 표지를 보면서 아이와 함께 오리와 병아리의 차이에 대해 이야기해보세요. 오리는 갈퀴 달린 발이 있어서 수영을 할 수 있고 병아리는 갈퀴가 없어서 그럴 수 없다는 사실을 일러두면, 아이가 뒤에 나오는 장면을 이해하기가 훨씬 수월합니다.

표지를 넘기면 나오는 제목 페이지도 재미있습니다. 엄마 오리와 암탉이 알을 품고 있는 장면인데, 두 엄마가 무엇을 보고 있을까요? 바로 눈앞에서 팔랑거리는 나비입니다. 알을 품어야 하는데 마음이 콩밭에 가 있음을 보여주는 재치 넘치는 장면이지요. 페이지를 넘기면, 나비의 날갯짓에 빠진 엄마들이 알만 두 개 덩그러니 남겨두고 뒤뚱거리며 달려가는 모습이 아주 익살스럽게 그려집니다. 그러고 나면 이제 험난한 세상에 홀로 남겨진 알들의 이야기가 시작되지요.

글과 그림이 일치하는 그림책이라 어렵지 않게 읽어나갈 수 있습니다. 아기 오리가 무언가를 먼저 시도하면, 병아리가 오리를 따라 하며 "Me too.(나도.)"라고 말하지요. 병아리는 아기 오리를 따라 구덩이를 파고, 애벌레를 잡고, 나비를 쫓다가, 아기 오리가 수영을 하자 자기도 물속에 뛰어듭니다. 꼬르륵 가라앉는 병아리와, 구하러 오는 아기 오리. 이제 아기 오리가 수영하러 간다고 해도, 병아리는 "Not me.(난 아니야.)" 하고는 나비를 쫓아가네요.

이 책에는 좋은 표현이 많이 나오는데 단어를 하나하나 익히는 것보다 'take a walk', 'dig a hole'처럼 덩어리로 익히는 것이 좋습니다. 책을 여러 번 읽거나 독후 활동을 통해 어휘를 익히도록 유도해주세요.

책을 읽고 나서 역할 놀이를 해보아도 좋습니다. 준비물로 꿈틀이 젤리가 있으면 좋고요. 엄마가 아기 오리 역할을, 아이가 병아리 역할을 맡습니다. 아이는 "Me too!"와 "Not me!"만 외치면 되니까요. 책 속 줄거리와 똑같이, 엄마가 알에서 깨어나며 "I am out!"이라고 외치면, 아이가 똑같이 따라 하면서 "Me too!"라고 말합니다. 책에 나오는 대사를 그대로 하면 되고요, 중간에 "I found a worm." 장면에서 꿈틀이 젤리 하나를 아이 입 속에 쏙 넣어주는 센스(!)도 발휘하면 더 좋겠지요. 아이들이 정말 재미있어 하는 놀이랍니다.

* 함께 읽으면 좋아요!

오리를 주제로 한 그림책
『Ollie』 글, 그림 Olivier Dunrea
『Gossie and Gertie』 글, 그림 Olivier Dunrea

구멍 파기에 관한 그림책
『Sam and Dave Dig a Hole』 글 Mac Barnett, 그림 Jon Klassen

2단계
그림책
0 6

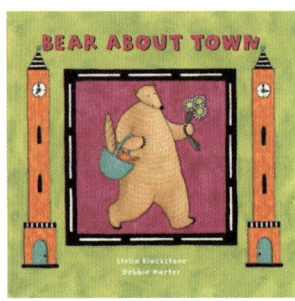

『BEAR ABOUT TOWN』
글 Stella Blackstone, 그림 Debbie Harter

곰과 함께 일주일 동안 마을 한 바퀴

- 렉사일: 230L
- 주제: 요일, 장소, 두운
- 사이트 워드: about, he, his, like, with
- 파닉스: /t/ sound (town, Tuesday, Tip-Top toyshop,)
- 어휘: watch a film(영화를 보다), visit the gym(체육관에 가다), stroll through the park(공원을 산책하다)

▶ 스텔라 블랙스톤과 데비 하터가 함께 만든 곰 시리즈 책입니다. 이 시리즈는 날씨(『Bear in Sunshine』), 모양(『Bear in a Square』), 직업(『Bear at Work』), 가족(『Bear's Busy Family』), 학교 생활(『Bear's School Day』), 탈것(『Bear on a Bike』) 등 영어 학습에 필요한 기본 어휘를 재미있게 배울 수 있도록 구성되어 있습니다.

『Bear about Town』은 곰이 보내는 일주일을 주제로 한 책인데, 매일 다른 장소를 가는 곰 덕분에 요일과 장소에 대해 배울 수 있지요. 유용한 어휘를 배울 수 있다는 점 외에도 두운을 맞춘 단어들이 많이 나와 책을 읽을 때 운율을 느끼며 재미있게 읽을 수 있답니다.

우선, 책을 읽기 전에 아이와 함께 우리 동네에서 볼 수 있는 장소에 대해 이야기해보세요. 아이가 "파리○○○"라고 하면 'bakery'로 받아주고, "홈플○○"라고 하면 'supermarket'으로 받아주면서 장소에 대해 워밍업을 할 수 있습니다.

그럼, 이제 책을 읽어볼까요? 곰이 집을 나서는 장면에서 곰의 집 대문에 Honey House라고 적혀 있습니다. 꿀을 좋아하는 곰의 특성에 맞으면서도 두운이 맞는 재미있는 표현이지요? 또, 영화관의 이름은 Reel Road Cinema이고, 체육관은 Stretch Street Gym, 장난감 가게는 Tip-Top Toyshop이네요. 모두 두운을 맞추어 이름을 지었습니다. 책 뒷부분에 나오는 마을 지도에서도 대부분의 도로명이 두운이 맞아요. 이런 표현은 자꾸 읽다 보면 영어의 소리에 민감해지고 리듬감을 익히는 데에 도움이 됩니다.

"On Monday, he goes to the bakery.(월요일에는 제과점을 가요.)" 곰이 제과점을 지날 때, 쇼윈도 안에 온갖 빵 모양이 재미있습니다. 곰 모양 생강빵(Gingerbread-bear)을 놓치지 마세요.

"On Wednesday, he watches a film.(수요일에는 영화를 봐요.)" 줄을 서서 기다리는 곰들 뒤로 영화관 포스터가 붙어 있습니다. 포스터에 그려진 요정(Fairy Godbear)도 귀엽고요.

"On Friday, he goes to the toyshop.(금요일에는 장난감 가게에 가요.)" 장난감 가게 선반에 진열된 인형이나 좋아하는 장난감을 찾는 재미가 쏠쏠합니다.

"On Saturday, he strolls through the park.(토요일에는 천천히 공원을 산책합

니다.)" 주인공 곰이 든 바구니에는 Tip-Top Toyshop에서 산 곰 인형이 들어 있네요.

이처럼 이 책은 "On (요일), Bear goes to the (장소)."와 같은 문장 패턴으로 이루어져 있습니다. 아이들이 요일, 장소에 대한 어휘는 어렵지 않게 익힐 수 있는데, visit, stroll 등 동작과 관련된 표현은 입에 금방 안 붙을 것입니다. 책을 여러 차례 읽으면서 문장 안에서 서서히 익히도록 유도하는 것이 좋습니다.

장소에 대한 어휘를 조금 확장해서 배워볼 수도 있습니다. 함께 읽기 단계와 뒤에 나오는 유도적 읽기 단계에서는 그림 사전을 활용할 수 있는데, 이에 대한 자세한 설명은 뒤에 따로 다루고 있습니다. 여기에서는 이 책과 관련하여 팁을 알려드릴게요. 1,000단어 수준 이내의 어떤 그림 사전을 사용해도 괜찮습니다. 사전에서 town이나 community를 주제로 한 페이지를 펼치고 관련 어휘를 익히도록 해보세요. 예를 들어, 800단어 수준의 『Longman Children's Picture Dictionary』의 50개 주제 중에 7번째인 'Our Busy Town'을 살펴보겠습니다. 사전에는 movie theater, swimming pool, pet shop, toy store, bakery, flower shop, museum, library, apartment building, mailbox, crosswalk, supermarket, bookstore, street, park 등 총 15개의 장소 관련 어휘가 그림과 함께 나와 있습니다. 그 중 7개의 어휘가 『Bear about Town』과 중복됩니다. 이렇게 그림 사전을 적절히 활용하면 아이의 어휘 학습량을 차근차근 늘리는 데 도움이 됩니다.

독후 활동으로는 책 내용 다시 말해보기 활동을 해볼 수 있습니다. A4

혹은 A3 종이 1장, 빨대 1개, 그림 자료를 준비합니다. 그림 자료는 키즈클럽에서 출력할 수 있습니다. 책 마지막 페이지에 나오는 마을 지도를 보고 도로를 그린 다음, 키즈클럽에서 축소해서 출력한 그림 자료를 붙입니다. 역시 키즈클럽에서 출력해 오려낸 곰을 빨대에 붙인 다음, 곰을 움직이며 책의 내용을 말해보는 활동입니다.

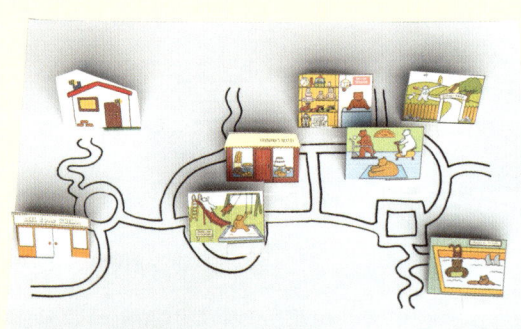

마을 지도를 그리고
책 내용 말하기

* 함께 읽으면 좋아요!

요일 또는 장소를 주제로 한 그림책
『Cookie's Week』 글 Cindy Ward, 그림 Tomie dePaola
『Round Trip』 글, 그림 Ann Jonas

키즈클럽에서 필요한 자료 찾는 법

키즈클럽(www.kizclub.com) 사이트에 들어가면 Stories & Props라는 메뉴가 상단에 있습니다. 이 메뉴를 클릭하면 아래 그림처럼 그림책의 표지가 나옵니다. 한눈에 책의 표지가 보여 좋기는 한데 한 페이지씩 넘기며 원하는 자료를 찾기에는 시간이 많이 걸리니, 좌측의 By Titles 메뉴를 클릭해서 알파벳 순서대로 그림책을 보며 검색하는 것이 더 편합니다. 이 사이트에는 160여 권의 그림책 자료 이외에도 영어 수업에 활용할 수 있는 자료가 정말 많이 있으니 한 번 찬찬히 살펴보는 시간을 가져도 좋습니다.

키즈클럽 홈페이지

2단계
그림책
07

『DAVID GOES TO SCHOOL』
글, 그림 David Shannon

말썽쟁이 데이비드, 학교에 가다!

- 렉사일: 210L
- 주제: 학교, 유머
- 사이트 워드: after, go, now, who, you
- 파닉스: /n/ sound (no, down, attention, turn, again, now)
- 어휘: yell(고함지르다), tardy(늦은), in class(수업 중), be over(끝나다), Keep your hands to yourself(손을 가만히 둬라), recess(휴식 시간)

▶ 너무나 유명한 책 『No, David!』의 저자 데이비드 섀논이 쓴 데이비드 시리즈입니다. 데이비드는 아이들이 정말 사랑하는 캐릭터이지요. 데이비드가 자기 모습 같아서, 혹은 자기가 못하는 장난을 대신해주어서 좋아하는 것 같습니다. 시리즈 도서를 읽으면 등장인물에 대한 배경지식이 많아져서 아이들이 내용에 대해 좀 더 쉽게 이해하게 되는 장점이 있습니다.

본격적으로 책을 읽기 전에 표지를 보면서 학교에서 지켜야 할 규칙에 대해 이야기를 나누거나, 여기는 어디이고 데이비드가 무엇을 하고 있는 중일지 자유롭게 의견을 나누기도 하면서 천천히 본문으로 들어갑니다.

『No, David!』에서 온갖 말썽을 부리던 천방지축 데이비드가 이번엔 학교에 갔군요. 『No, David!』에서는 엄마가 데이비드에게 건네는 말이었다면, 『David Goes to School』의 화자는 선생님입니다. 표지를 넘기면 선생님으로 보이는 분이 팔짱을 낀 채 서 있습니다. 그리고 한 페이지를 더 넘기면, 선생님이 데이비드에게 항상 하는 말이 나오지요. "No, David!(안 돼, 데이비드!)" "No yelling.(고함지르지 마라.)" "No pushing.(밀면 안 돼.)" "No running in the hall.(복도에서 뛰지 마라.)"

하지만 이런 지적을 받고도 우리의 데이비드는 해맑게 장난을 치고 또 칩니다. 친구들이 불편해하는데, 이 녀석은 어쩌면 이렇게 제멋대로일까요? 결국 책상에 낙서를 하다가 선생님에게 딱 걸린 데이비드는 방과후에 혼자 남아서 청소를 합니다. 깨끗이 청소를 마친 데이비드가 어쩐지 살짝 풀이 죽어 보이는데요, 선생님이 말합니다. "Good job, David!(잘했어, 데이비드!)" 선생님의 말 한 마디에 다시 기분이 좋아졌나 봅니다. 폴짝폴짝 뛰면서 집으로 돌아가는 데이비드의 뒷모습과 함께 이야기가 끝이 납니다.

명령문이 많이 나오는 책인 만큼, 책을 여러 번 읽어서 문장으로 익힐 수 있도록 도와주세요. 특히, 단체 생활에서 흔하게 쓰이는 규칙들이어서 독후 활동을 통해 문장을 익히는 것도 좋습니다. 저는 이 책을 읽고 6~7살 아이들뿐만 아니라 초등 저학년과 초등 고학년 아이들까지 다양한 연령대의 아이들과 함께 독후 활동을 해보았는데, 대부분의 아이들이 즐겁게 따라왔습니다. 학교 또는 유치원에서 기본적으로 지켜야 할 규칙에 대해 정리하는 활동으로, 다양한 방법으로 활용할 수 있습니다.

- **the classroom**(교실): Raise your hand.(손 들어라.) Don't be late.(늦지 마라.) Don't chew gum in class.(교실에서 껌 씹는 거 아니야.)
- **the cafeteria**(급식실): Wait your turn.(자기 순서를 기다리렴.) Touch only your food.(자기 음식만 먹어라.) Stay in your seat.(자리에 앉으렴.)
- **the playground**(놀이터): Only one person per swing at a time.(그네는 한 번에 한 명씩 타야 해.) No jumping off slides.(미끄럼틀에서 뛰어내리지 마라.)
- **the library**(도서관): Be quiet.(조용히 하자.) Look after the books.(책을 조심해서 다뤄야지.)
- **the girl's room & the boy's room**(화장실): Wash your hands.(손 씻어라.)
- **the science room**(과학실): Pay attention.(집중하렴.)

- **the gym**(체육관): No pushing.(밀면 안 돼.)
- **the hallway**(복도): No running in the hall.(복도에서 뛰지 마라.) No yelling.(고함지르지 말고.)

손 모양을 그리고 위의 규칙 중에서도 가장 중요한 규칙 5개를 손가락에 하나씩 적는 활동을 해볼 수 있고요, 데이비드를 크게 그리고 각 신체부위와 연관된 규칙을 적는 활동을 해볼 수도 있습니다. 예를 들면, 머리 근처에는 "Pay attention."을 쓰고, 손 근처에는 "Wash your hands.", "No pushing."을 쓰는 식입니다. 이 외에도 규칙을 활용하여 재미있는 활동을 계획해보세요. 이런 독후 활동은 책 내용과 어휘를 오랫동안 기억할 수 있는 좋은 방법입니다. 학교 내의 장소나 교과목으로 어휘를 확장해볼 수도 있는데, 그림 사전의 'school' 주제를 활용해보세요.

* 함께 읽으면 좋아요!

데이비드 섀논의 다른 그림책
『No, David!』글, 그림 David Shannon
『David Gets In Trouble』글, 그림 David Shannon
『Good Boy, Fergus!』글, 그림 David Shannon

2단계
그림책
08

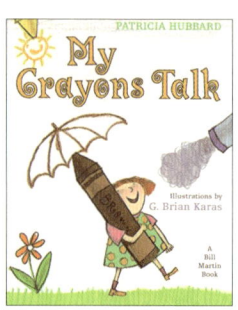

『MY CRAYONS TALK』
글 Patricia Hubbard, 그림 G. Brian Karas

크레용들이 전하는 마법 같은 이야기

- 렉사일: AD310L
- 주제: 색깔, 라임
- 사이트 워드: by, do, most, no, time
- 파닉스: /c/ sound (crayon, clackity, call, clown)
- 어휘: chirp(지저귀다), brag(뻐기다), toot(삐 소리를 내다), roar(으르릉 울부짖다), hoot(부엉부엉 울다)

▶ 크레용으로 온갖 상상의 나래를 펼치는 책입니다. 스토리가 있는 것은 아니지만, 크레용의 질감이 살아 있는 밝고 경쾌한 그림과 라임이 딱딱 맞아떨어지는 글이 멋진 조화를 이루어 시를 읽듯이 술술 읽히지요. 제이와이북스의 노부영 CD 속 노래를 활용하면 더 흥겹게 책의 내용을 익힐 수 있답니다.

책을 펼치면, 아주 경쾌한 문장과 함께 본문이 시작됩니다. "Talk. Talk. My crayons talk. Yackity. Clackity. Talk. Talk. Talk." 내용보다는 운율에 초점을 둔 표현이라 명확하게 해석하기 곤란하지만 "재잘재잘 내 크레용이 말을 해요. 어쩌고 저쩌고 말을 해요." 정도로 보면 됩니다. 이 문장은 뒤에서 반복적으로 나오는데, 라임이 맞고 리듬감이 있어서 읽는 것만으로도 재미있습니다. 이제 12가지 크레용이 차례로 나와서 이야기를 합니다.

Purple shouts, "**Yum**! Bubble **gum**." (보라색이 말해요, "얌! 풍선껌.")
Brown sings, "**Play**. Mud-pie **day**." (갈색이 노래 불러요, "놀자. 진흙 파이 만드는 날이야.")
Gold brags, "**Fine**. Dress up **time**." (금색이 잘난 척하지요, "멋지지, 옷 차려 입는 시간이야.")

어떤가요? 라임이 딱딱 떨어져서 소리 내어 읽는 재미가 있지요? 그런데 한글로 해석했더니 의미는 잘 전달되지만 소리의 즐거움이 사라진 것 같지 않나요? 그래서 이렇게 라임이 강하게 들어간 책은 한글 번역이 그

Blue calls, "Sky, Swing so high."

맛을 해칠 수 있어서 굳이 해석을 하지 않아도 괜찮습니다. 동사 부분은 동작으로 의미를 전달할 수 있습니다. 동작을 곁들인 책의 리드 어라우드 모습이 궁금하다면 앞의 QR코드를 활용하셔도 좋습니다.

책을 여러 번 읽고, CD의 음악을 들으며 몸을 움직이다 보면 자연스럽게 책 내용이 입에 붙게 됩니다. 아이가 어느 정도 줄줄 읽으면, 그때부터는 엄마가 책을 읽다가 일정 단어 앞에서 잠깐 멈추고 아이가 빈칸을 채워 읽는 방식의 읽기를 해보세요. 문장의 제일 마지막 단어를 아이가 말하도록 유도하는 것이 가장 쉽습니다. 예를 들어, "Purple shouts, 'Yum! Bubble ____.'"처럼 말이지요. 'Yum!'이라는 단어의 여운이 귀에 쟁쟁할 때 같은 라임인 'gum'이 훨씬 잘 떠오르기 때문입니다. 이렇게 마지막 단어를 말하는 데에 익숙해지면 "Purple ___, 'Yum! Bubble gum.'"처럼 동사 부분을 아이가 채워 넣도록 유도해보는 것도 좋습니다.

아이가 정답을 금방 말하지 못하면 너무 오래 기다리지 말고 엄마가 정답을 말해서 아이의 부담감을 덜어주세요. 또, 아이가 엄마의 소리를 들으면서 답을 말하기도 하는데, 그러면서 마치 자신이 정답을 알고 말한 것 같은 착각에 빠지기도 합니다. 이 귀여운 착각을 깨뜨리지 말고 칭찬하며 넘어가주는 것이 바로 고수 엄마랍니다.

책 속에서 크레용 소녀가 입고 있는 원피스의 무늬가 바뀌는 것도 흥미롭습니다. 파란색을 소개할 때는 구름 무늬 원피스를, 검정색을 소개할 때는 별과 달 무늬 원피스를 입고 있어요. 아이와 함께 읽을 때 이런 소소한 재미를 놓치지 마세요. 이런 작은 볼거리가 아이들이 한층 더 그림책에 흥미를 갖도록 해준답니다.

---

* 함께 읽으면 좋아요!

색깔을 주제로 한 그림책

『Cat's Colors』 글, 그림 Jane Cabrera
『Bear Sees Colors』 글 Karma Wilson, 그림 Jane Chapman
『Mouse Paint』 글, 그림 Ellen Stoll Walsh

2단계
그림책
09

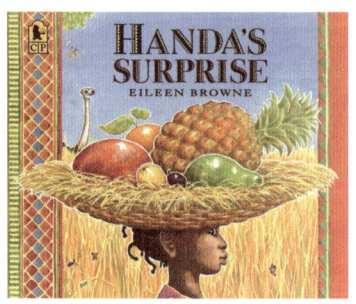

『HANDA'S SURPRISE』
글, 그림 Eileen Browne

아프리카의 과일과 동물을 만나다

- 렉사일: AD420L
- 주제: 아프리카, 과일, 동물
- 사이트 워드: be, for, or, which, will
- 파닉스: /s/ sound (surprise, seven, soft, sweet, smelling, spiky)
- 어휘: ripe(잘 익은), spiky-leaved(이파리가 뾰족한), creamy(크림처럼 부드러운), tangy(톡 쏘는), antelope(영양), passion fruit(패션 프루트), tangerine(귤)

『Handa's Surprise』는 《스쿨 라이브러리 저널》, 《타임》, 뉴욕공립도서관 등에서 100대 추천도서로 소개하는 그림책입니다. 이 책은 아프리카에 사는 소녀 한다(Handa)가 옆 마을 사는 친구 아키요(Akeyo)에게 줄 과일을 챙겨 길을 떠나는 이야기입니다. 다소 낯선 아프리카의 과일과 동물 들을 만날 수 있을 뿐만 아니라, 아프리카의 문화도 자연스럽게 볼 수 있어서 더 좋은 책이랍니다.

한다는 친구 아키요를 기쁘게 해줄 생각으로 7가지 과일을 바구니에 담아 집을 나섭니다. 과일 바구니를 머리에 이고 초원을 열심히 걸어가지요. 한다가 "아키요는 무슨 과일을 좋아할까?" 궁금해할 때마다 동물이 나타나서 한다의 과일을 몰래 먹어요. 아키요의 마을 입구에 도착할 즈음에는 바구니가 텅 빕니다. 바구니가 빈 것을 알면 한다가 속상하겠다 싶어 걱정스러울 즈음, 예상치 못한 반전이 일어나지요.

표지만 봐도 이야기할 거리가 참 많습니다. 저는 아이들과 이런 대화를 나누어보았습니다.

Wow! What a big basket! (정말 바구니가 크구나.)

What's in it? A lot of fruits! (안에 뭐가 있지? 과일이 많이 담겨 있네.)

And look at this girl. Look at her hairstyle and all the bugs around her. (이 여자아이 좀 보렴. 헤어 스타일도 보고 아이 주위를 돌아다니는 벌레도 보렴.)

Guess where this place is. America or Africa? (여기는 어디일까? 미국일까, 아프리카일까?)

And there is an animal in this picture. What is it? (동물이 한 마리 있네. 얘는 누구지?)

Yes, it's an ostrich. Then… what's this up in the air? (맞아, 타조야. 그런데 이 공중에 떠 있는 것은 뭘까?)

Well, let's find out. (자, 그럼 책을 읽으면서 뭔지 알아볼까?)

꼭 영어로 대화하지 않아도 되고요, 아이와 함께 표지 그림에 담긴 과일이나 동물 그림을 보면서 자유롭게 이야기해보세요. 아프리카 사람들이 바구니를 머리에 이고 다니는 모습에 대해서 이야기를 해볼 수도 있고요.

이 책에도 반복되는 문장 패턴이 있습니다. "Will she like the soft yellow banana?(아키요는 부드럽고 노란 바나나를 좋아할까?)" "or the sweet-smelling guava?(아니면 달콤한 향이 나는 구아바를 좋아할까?)" 과일을 설명하는 형용사와 과일 이름만 바뀝니다. 이 책은 특히 맛을 묘사하는 표현이 많이 나와서 아이들이 흥미를 가집니다. 사실 이런 표현들은 실제로 먹으면서 배우면 가장 좋겠지만, 다른 어휘와 연계해서 익힐 수도 있습니다.

같은 맛을 내는 다른 과일이나 음식 연상해보기

- **soft**(부드러운): banana, strawberry, marshmallow
- **sweet-smelling**(달콤한 향이 나는): peach, guava, apple, roses
- **juicy**(즙이 많은): orange, tangerine, watermelon
- **tangy**(톡 쏘는): passion fruit, grapefruit, 아이셔

연관된 어휘 3가지 적어보기

- **delicious**(맛있는) : yummy, sweet, tasty
- **village**(마을) : place, people, houses
- **spiky**(뾰족한) : pineapple, hairstyle, sharp

책을 다 읽고 나면 한다와 아키요, 동물로 역할을 나누어 역할 놀이를 해보아도 좋습니다(스파클박스에 동물 가면 이미지가 있어요). 또는, 스토리맵 만들기도 가능합니다. 이야기의 흐름에 따라 한다의 집부터 아키요의 집까지 지도를 그리고 그 사이에 초원을 그립니다. 그리고 등장하는 동물들을 그려 넣거나 이름을 써보는 활동이지요. 조금 어린 친구들과는 이 책에서 등장한 과일 중에 제일 좋아하는 과일을 그리고 책 속 문장 쓰기 활동을 해볼 수 있습니다.

* 함께 읽으면 좋아요!

과일, 음식을 주제로 한 그림책
『Lunch』 글, 그림 Denise Fleming
『Mouse Mess』 글, 그림 Linnea Asplind Riley

2단계
그림책
10

『EACH PEACH PEAR PLUM』
글, 그림 Janet & Allan Ahlberg

숨은 그림 찾기를 하면서 마더구스까지!

- 렉사일: NP
- 주제: I spy(숨은 그림 찾기)
- 사이트 워드: I, his, over, they, up
- 파닉스: soft c sound (cellar, Cinderella)
- 어휘: cupboard(찬장), cellar(지하 저장고), stairs(계단), hunting(사냥), ditch(도랑), den(소굴)

▶   1978년 케이트그린어웨이 위너상 수상작으로, 케이트그린어웨이 50주년을 기념하여 선정한 '최고의 그림책 베스트 10'에 선정되기도 했습니다. 시대를 초월해 사랑받으며 고전의 반열에 오른 책이지요. 그림 속에 숨어 있는 등장인물을 찾는 아이 스파이(I Spy) 형식으로 되어 있으며, 책 속 등장인물은 모두 마더구스와 전래동화 캐릭터들입니다. 이 한 권의 그림책 속에 무려 9개의 이야기가 숨어 있답니다. 리듬과 라임이 아름답게 어우러진 텍스트와 부드러운 색감의 섬세한 그림이 보는 이의 마음까지 따뜻하게 만들어줍니다.

　책에 나오는 마더구스와 전래동화를 미리 알고 있다면 더 좋겠지만, 한 꺼번에 9개의 이야기를 다 익히고 책 읽기에 들어가는 것은 시간도 많이 걸리고 반드시 필요한 것도 아니기 때문에 굳이 그렇게 하지 않아도 괜찮 습니다. 표지를 보면 다양한 그림들이 덩굴 사이에 얽혀 있는데, 책을 다 읽고 나서 다시 보면 하나하나 눈에 들어옵니다. 그 전엔 peach(복숭아), pear(배), plum(자두) 정도만 짚어주고 본문으로 들어갑니다.

　본문 왼쪽 페이지에는 글이, 오른쪽 페이지에는 그림이 나옵니다. 책 은 "Each Peach Pear Plum. I spy Tom Thumb."이라는 문장으로 시작합니 다. 이 문장을 굳이 해석하자면 "복숭아 배 자두 하나씩. 난 엄지손가락 톰 을 찾아."라고 할 수 있는데 이 맛도 저 맛도 없는 문장이지요? Each Peach Pear Plum은 의미보다는 each-peach는 라임, peach-pear-plum은 두운, plum-thumb은 라임, 이렇게 소리에 초점을 두고 쓰여진 글이라 그렇습니 다. 여기서 "I spy (등장인물)."이라는 문장이 가리키는 등장인물을 오른쪽

그림에서 찾으면 되는데, 엄지손가락 톰이 복숭아 나무에 앉아 있네요. 엄지손가락 톰은 영국 동화 속 캐릭터랍니다.

엄지손가락 톰을 비롯해 이 책에 나오는 마더구스로는 '허버드 할머니(Old Mother Hubbard)', '안녕 아기새(Bye Baby Bunting)', '자장자장 우리 아가(Rock a Bye Baby)', '리틀 보핍(Little Bo Peep)', '잭 앤 질(Jack and Jill)' 등이 있습니다. 본문 왼쪽 페이지의 글 위로 그림이 그려져 있는데, 이 그림들은 원작을 알아야 이해할 수 있으므로 처음에는 그냥 지나가도 괜찮습니다. 예를 들어, "Tom Thumb in the cupboard. I spy Mother Hubbard.(엄지손가락 톰은 찬장에 있고 난 허버드 할머니를 찾아.)"라는 문구 위에 혀를 쏙 빼고 서 있는 개가 나오는데요, '허버드 할머니'라는 마더구스를 알고 나면 이 그림이 무슨 의미인지 알게 되지요. 그리고 cupboard-Hubbard도 라임에 맞게 쓰여진 것도 보이지요? 모든 글이 이처럼 라임에 맞춰 쓰여져 있어서 읽을 때 운율이 살아난답니다.

Old Mother Hubbard

Old Mother Hubbard went to the cupboard (허버드 할머니는 찬장에 갔어요)
To give the poor dog a bone (불쌍한 개에게 뼈다귀를 가져다주려고요)
When she came there, the cupboard was bare (그런데 찬장이 비었네요)
And so the poor dog had none (그래서 불쌍한 개는 아무것도 못 가졌대요)

* 함께 읽으면 좋아요!

마더구스를 주제로 한 그림책
『The Comic Adventures of Old Mother Hubbard and Her Dog』 글, 그림 Tomie dePaola
『The Foggy, Foggy Forest』 글, 그림 Nick Sharratt

2단계
그림책
11

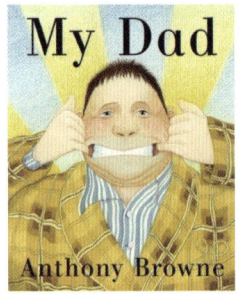

『MY DAD』

글, 그림 Anthony Browne

나는 세상에서 우리 아빠가 제일 좋아!

- 렉사일: 350L
- 주제: 아빠
- 사이트 워드: at, even, know, of, what
- 파닉스: /d/ sound (dad, day, daft, dancer)
- 어휘: strong(힘센), afraid(두려운), wise(현명한), daft as a brush(엉뚱한), brilliant(환상적인), teddy(곰인형), owl(부엉이)

앤서니 브라운은 가족을 주제로 여러 권의 책을 출간했습니다. 그의 초기 작품인 『Gorilla』, 『Zoo』, 『Piggybook』에서는 가족의 모습이 다소 어둡게 그려졌습니다. 특히 아버지는 일밖에 모르는 바쁜 사람이거나 소파에서 TV만 보는 게으른 사람으로 묘사되어서, 전 세계 아빠들로부터 수많은 항의 편지를 받았다고 합니다. 그래서 이를 만회하기 위해 만든 책이 바로 『My Dad』입니다. 아버지의 오래된 가운을 우연히 발견한 앤서니 브라운이 이 가운을 모티브로 만든 그림책입니다. 이제는 이 책을 읽은 전 세계 아빠들로부터 감사 편지를 받고 있다고 하지요.

이 책의 화자는 어린아이입니다. 이 아이의 눈에는 자신의 아빠가 슈퍼맨처럼 보입니다. 아빠는 거인과 레슬링도 하고, 달리기 시합에서 1등으로 들어올 만큼 빠릅니다. "My dad isn't afraid of ANYTHING, even the Big Bad Wolf.(아빠는 아무것도 두려워하지 않아요, 나쁜 늑대조차도요.)" 무서운 늑대를 제압해버리는 아빠의 늠름한 모습이 정말 멋집니다.

그런데 늑대 뒤로 저 멀리 빨간 모자와 아기 돼지 삼형제가 숨어서 이 상황을 지켜보고 있어요. 이처럼 그림 속에 숨은 이야기를 찾는 재미도 쏠쏠합니다. "He can jump right over the moon.(아빠는 달도 뛰어넘을 수 있어요.)" 달을 뛰어넘는 아빠, 바로 마더구스 '헤이 디들 디들'의 한 장면도 나오고요, "He is a brilliant singer.(아빠는 정말 멋진 가수예요.)"에서는 세계적인 테너 도밍고, 파바로티와 함께 열창하는 아빠의 모습이 그려집니다.

이 책에는 2개의 주요 문장이 나오는데, 이를 활용해서 문장 안에서 어휘를 익히고 확장해볼 수 있습니다.

He can jump right over the moon,

and walk on a tightrope (without falling off).

My dad is as ＿＿ as a ＿＿. (strong, happy, big, soft, daft, wise)

He can ＿＿ like a ＿＿. (wrestle, eat, swim)

우리는 돼지처럼 먹는다고 하는데, 영미권에서는 말처럼 먹는다고 표현합니다. 비유적 표현은 한글과 영어에서 다소 차이가 있어서, 낯설더라도 영어의 이디엄(Idiom)에 익숙해지도록 여러 번 반복해서 익힐 필요가 있습니다. 다음은 영어에서 많이 쓰이는 관용적 표현과 이 책의 주요 문장을 이용한 예입니다.

He is as busy as a bee. (그는 벌처럼 바빠.)

She is as pretty as a peacock. (그 여자는 공작처럼 예뻐.)

He can sleep like a log. (그는 꼼짝도 하지 않고 자.)

She can run like the wind. (그 여자는 바람처럼 빨리 달려.)

책을 읽고서, 아이와 함께 우리 아빠는 어떻게 표현할 수 있을지 써보는 활동을 해볼 수 있습니다. 본문의 내용을 그대로 옮겨 적어도 좋고, 주요 문장에 다른 어휘를 활용하여 새롭게 써볼 수도 있지요. 아빠의 모습을 그림으로 그리고 그림 옆에 아빠의 특징을 써보는 것도 아이들이 좋아하는 독후 활동이랍니다.

---

* 함께 읽으면 좋아요!

가족을 주제로 한 그림책

『My Brother』 글, 그림 Anthony Browne

『My Mom』 글, 그림 Anthony Browne

2단계
그림책
12

『BARK, GEORGE』
글, 그림 Jules Feiffer

짖지 못하는 강아지, 조지 이야기

- 렉사일: AD350L
- 주제: 농장의 동물
- 사이트 워드: no, out, she, this, way
- 파닉스: soft g sound (George)
- 어휘: vet(수의사), bark(짖다), deep down inside(저 아래 안쪽), pull out(끄집어내다), latex glove(라텍스 장갑), thrill(열광하다), show off(자랑하다)

▶ 이 책은 앞서 소개한 『Penguin』과 비슷한 점이 많습니다. 실제(Real)와 허구(Make-believe)가 절묘하게 녹아 있고, 예상을 뛰어넘는 반전이 있다는 점에서 말이지요. 이 책을 처음 읽었을 때 충격적인 반전 때문에 처음부터 다시 읽었던 기억이 납니다. 하지만 어린아이부터 초등 고학년까지 모든 연령이 즐길 수 있어 더욱 가치가 있는 책입니다.

강아지 조지는 자꾸만 다른 동물 소리를 냅니다. 조지의 엄마가 개는 "Arf(멍멍)" 하고 짖는다고 알려줘도, 조지는 "Meow(야옹)", "Quack-quack(꽥꽥)", "Oink(꿀꿀)", "Moo(음매)" 소리를 내지요. 답답한 엄마는 결국 조지를 데리고 병원에 갑니다. 수의사는 조지의 입 속에 손을 넣어 고양이, 오리, 돼지, 소를 차례로 꺼내지요. 그제서야 조지는 "Arf" 하고 짖습니다.

이렇게 끝나도 재미있지만 마지막 반전이 남아 있습니다. 치료를 마치고 돌아가는 길에 조지를 자랑하고 싶은 엄마가 "Bark, George.(짖어봐, 조지야.)"라고 합니다. 조지가 엄마의 바람대로 "Arf"라고 했을까요? 천연덕스러운 얼굴로 "Hello."라고 말하는 조지의 모습을 마지막으로 이야기가 끝이 납니다. 조지 배에 누가 들어가 있는 걸까요? 이 책의 렉사일에 AD가 붙어 있는 이유는 어쩌면 잔인하다고 느낄 수 있는 바로 이런 줄거리 때문이지요. 하지만 아이들은 어른보다도 훨씬 더 이야기로서만 받아들이고 자연스럽게 즐기니 너무 걱정하지 마세요.

조지 엄마의 눈, 귀, 리본, 자세 등을 유심히 보면 더 재미있습니다. 답답한 엄마의 마음을 고스란히 표현하고 있거든요. 아이들이 제일 좋아하는

　장면은 조지 입 속에서 소가 나오고, 엄마가 놀라서 바닥에 꼬꾸라지는 모습입니다. 아이들과 책 읽기를 해보면 엄마의 수난 장면에서 항상 열렬한 반응을 보이는데요, 이런 상상을 통해 무의식 중에 쌓여 있던 스트레스가 해소되나 봅니다.

　새로운 어휘가 많이 나오는 책이 아니므로 그림을 보며 전체 문맥 안에서 그 의미를 찾아가는 것으로 충분합니다. 예를 들어, 엄마가 한 말 중 "Cats go meow. Dogs go arf.(고양이는 야옹 하고 개는 멍멍 한단다.)"라는 표현에서 go라는 단어의 의미가 일반적으로 알던 것과 다르지만 무슨 의미인지는 알겠지요? 이렇게 알던 단어의 새로운 의미를 문장 안에서 알아나가는 것이야말로 그림책을 통한 어휘 학습의 장점 중 하나입니다.

　『Bark, George』는 기승전결이 뚜렷한 이야기 구조를 가지고 있습니다. 이런 책은 이야기의 구성요소를 정리하는 쓰기 활동을 하기에 좋습니다.

이야기의 구성요소는 '배경(Setting)', '등장인물(Characters)', '문제(Problem)', '해결(Solution)'로 나누어볼 수 있습니다. 혹은 '배경', '등장인물', '이야기의 시작(Beginning)', '중간(Middle)', '끝(Ending)'으로 나누어볼 수도 있습니다. 이 책의 구성요소를 정리하면 다음과 같습니다.

Setting (배경)	Characters (등장인물)	Problem (문제)	Solution (해결)	Problem (문제)
Town	George, Mother, Vet, the farm animals	George can't bark.	The vet pulled out all the animals in George. Now George can bark.	George went: "Hello."

---

* 함께 읽으면 좋아요!

농장의 동물을 주제로 한 그림책

『Mrs. Wishy Washy』 글 Joy Cowley, 그림 Elizabeth Fuller
『Snore!』 글 Michael Rosen, 그림 Jonathan Langley
『The Very Busy Spider』 글, 그림 Eric Carle

2단계
그림책
13

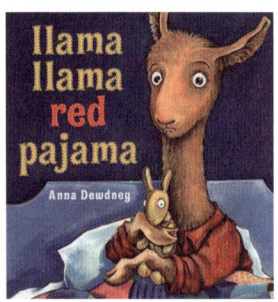

『LLAMA LLAMA RED PAJAMA』
글, 그림 Anna Dewdney

혼자 자기 싫은 아기 라마의 귀여운 난동

렉사일: AD420L

주제: 잠자리 동화, 라임

사이트 워드: come, if, all, two, your

파닉스: /kw/ sound (quiet)

어휘: hum a tune(노래를 흥얼거리다), holler(소리지르다), stomp(발을 구르다), pout(입을 비죽거리다), weep(울다), wail(울부짖다), tizzy(걱정과 혼란에 휩싸인 상태), patient(참을성 있는), snuggle(파묻다)

▶　『Llama Llama Red Pajama』는 애나 듀드니의 라마 라마 시리즈 중 첫 번째 책입니다. 라마 라마 시리즈는 엄청난 반향을 불러일으켰는데, 어린아이가 있는 집에서 늘 볼 수 있는 일상적인 풍경을 시처럼 운율이 있는 글로 유머러스하게 표현해서 아이와 부모, 교사 모두에게 깊은 공감을 이끌어냈기 때문입니다. 『Llama Llama Red Pajama』 역시 잠자리 독립 중인 어린 라마가 혼자 있는 것을 무서워하며 엄마를 찾는 내용입니다.

　라마 라마 시리즈는 총 22권이 나와 있습니다. 2017년 TV 시리즈로도 제작되어 넷플릭스와 유튜브에서 시청할 수 있으니, 시리즈 도서를 여러 권 읽어 캐릭터에 익숙해진 다음 영상 시청으로 연결하는 것도 좋습니다.

　처음 이 책을 읽어보면 어휘 수준이 상당히 높은 데 비해 다루고 있는 내용 자체는 쉽다고 느껴집니다. 다시 말해, 레벨을 정하기 어렵다는 것이지요. 라마 라마 시리즈의 아마존 추천 연령은 만 1~3세인데, 렉사일닷컴에서는 텍스트의 난이도가 AD420L(초등 2학년 초반)이고, 추천 연령은 만 5~8세라고 합니다. 두 권위 있는 기관의 추천 연령이 차이가 많이 납니다. 이런 경우 '이 책은 집에서 부모가 읽어줄 때는 만 1세만 지나도 읽어줄 수 있고, 리터러시 수업을 할 때는 함께 읽기 단계나 유도적 읽기 단계에서 다룰 수 있다'라는 뜻으로 해석하면 됩니다. 이 책 이외에도 이런 경우에 해당하는 영어 그림책이 많습니다.

　이 책은 모르는 어휘가 제법 나오지만 내용을 이해하는 데에는 어려움이 없습니다. 책을 읽는 동안은 라임을 살려서 한 편의 시를 읽듯이 리드미컬하게 읽는 데에 정성을 기울여주세요. 한 페이지 혹은 두 페이지에 걸쳐

서 라임이 나오니 소리 내어 읽다 보면 자연스럽게 리듬을 탑니다. "Llama llama red pajama(빨간 잠옷을 입은 라마는)" "reads a story with his mama(엄마와 함께 책을 읽어요.)" 정말 라임이 잘 맞지요? hair-downstairs, sink-drink, soon-tune, yet-fret, phone-moan, doing-boo hooing 등등 감탄이 나올 정도로 라임이 환상적입니다.

책 속에서 아기 라마의 감정이 점점 고조되고 있음을 알려주는 표현은 굵은 글씨로 표시되어 있습니다. alone → fret(조바심치다) → moan(끙끙거리다) → boo hooing(흑흑 울다) → pout(입을 비죽거리다) → shout(소리지르다). 처음엔 "hums a tune", 노래를 흥얼거리며 애써 아무렇지 않은 척하던 아기 라마가 끝내 큰 소리로 엄마를 부르는데, 마치 잠자리 독립하는 우리 아이의 모습을 보는 것 같습니다. 아이를 재우고 나서 밀린 설거지 하랴 전화 받으랴 바쁜 엄마의 모습도 낯설지가 않지요. 이 책을 읽어주면 아이들도 남 이야기 같지가 않은지 귀를 쫑긋하고 듣는답니다.

아이의 울음소리에 부랴부랴 달려온 엄마가 아이를 타이릅니다. "Baby Llama, what a tizzy! Sometimes Mama's very busy.(아기 라마야, 이렇게 가만히 못 있다니! 엄마도 가끔 아주 바쁘단다.)" "Please stop all this llama drama and be patient for your mama.(제발 이런 극적인 상황을 만들지 말고 엄마가 올 때까지 조금만 기다리렴.)" 엄마 라마가 부드럽게 달래주자 안심한 아기 라마가 잠이 듭니다.

무엇보다 아기 라마의 다양한 표정만 봐도 웃음이 절로 나오는 사랑스러운 그림책입니다. 아기 라마의 양쪽 귀가 심리 상태에 따라 아래위로 180도 회전하는 것도 놓치지 마세요.

* 함께 읽으면 좋아요!

라마 라마 시리즈 추천도서
『Llama Llama Mad at Mama』 글, 그림 Anna Dewdney
『Llama Llama Misses Mama』 글, 그림 Anna Dewdney
『Llama Llama Holiday Drama』 글, 그림 Anna Dewdney
『Llama Llama Home with Mama』 글, 그림 Anna Dewdney

2단계
그림책
14

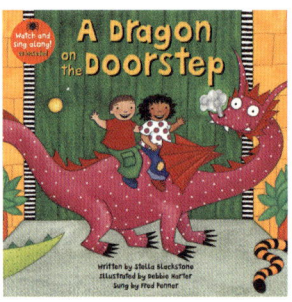

『A DRAGON ON THE DOORSTEP』
글 Stella Blackstone, 그림 Debbie Harter

우리 집에서 동물들과 숨바꼭질한다면

- 아마존 추천 연령: 만 2~4세
- 주제: 집 안의 장소, 동물, 라임, 두운
- 사이트 워드: give, make, other, there, think
- 파닉스: /g/ sound (go, get, game, glare, gorilla, garage, big)
- 어휘: toy chest(장난감 상자), garage(차고), hide(숨다), chase(쫓아가다), stay(머무르다), shut(닫다), lock(잠그다), escape(빠져나가다)

▶ 『Bear about Town』의 두 작가 스텔라 블랙스톤과 데비 하터의 작품으로, 집 안의 장소와 영어의 두운에 대해 배울 수 있는 재미있고 유익한 책입니다. 여덟 마리 동물이 두운과 맞는 장소에 숨어 있는데, 아이들이 하나씩 찾아내는 이야기입니다. 배어풋(Barefoot) 출판사가 제공하는 플래시 애니메이션 영상이 매우 흥겹습니다. 유튜브에서 찾아서 꼭 한 번 시청해보세요.

책 표지를 펼쳐보면 호랑이, 악어, 용 등 세 마리의 맹수가 보이는데, 하나도 무섭지 않습니다. 심지어 아이들은 용을 타고 놀고 있지요. 그리고 dragon, 용이 서 있는 곳이 바로 doorstep, 현관 앞입니다. 두운이 맞는 장소이지요. "There's a dragon on the doorstep, do you think he wants to play?(현관 앞에 용이 있어. 용은 같이 놀고 싶은 걸까?)" "Let's lock him in the closet, then let's run away!(용을 옷장 속에 가두고 도망가자!)" play-away로 라임도 맞췄습니다.

"Let's hide him in the laundry and make sure we shut the doors!(곰을 세탁실에 숨겨놓고 문을 잘 닫아두자!)" 이번에는 곰을 세탁실에 숨기러 가는데요, 여기서는 어떤 동물을 만나게 될까요? 이 장소가 laundry인 것을 감안하면 'l'로 시작하는 동물이겠지요? 아이들은 기가 막히게 lion을 찾아냅니다. dragon-doorstep, crocodile-closet, tiger-toy chest, bear-bedroom, lion-laundry, gorilla-garage. 이렇게 동물과 두운이 맞는 장소의 조합이 이 책의 특징인데요, 다락방(attic)에 있는 거미(spider)는 예외적으로 두운이 맞지 않습니다.

참고로, 계단 밑 옷장(closet)에 숨어 있는 악어(crocodile)가 나오는 장면이 있는데, 이 계단 아래 옷장은 미국과 영국에서 각각 다른 이름을 사용하기 때문에 책에 따라 약간의 차이가 있습니다. 미국판에서는 "There's a crocodile in the closet."이고, 영국판에서는 "There's a crocodile in the cupboard."로 나옵니다.

이 책은 "There is a (동물) (장소)."의 문장 패턴이 반복적으로 나옵니다. 동물과 집 안 장소의 조합을 새로 구성해보는 활동을 하면서 문장을 익혀 보세요. "There is a turtle in the toilet."과 같은 문장을 만들어볼 수 있겠지요.

초성	동물	집 안 장소
T	turtle, toad	toilet, tub
R	rabbit, rhino, racoon	roof, refrigerator
K	kangaroo, koala, cat	kitchen, cabinet
W	wasp, walrus, weasel	window, washing machine
CH	chicken, cheetah	chimney

그림책으로 함께 읽기를 할 때 아이가 책을 줄줄 읽고, 책 속 어휘를 100퍼센트 확실하게 알 때까지 책을 붙들고 있는 것은 바람직하지 않습니다. 중요한 부분을 익혔다면 즐거운 마음으로 다음 책으로 넘어가세요. 나중에 다시 돌아와서 그 책을 읽어보면, 어느새 전에 읽었을 때는 몰랐던 부분을 알게 되는 경우도 많답니다.

* 함께 읽으면 좋아요!

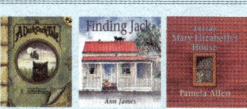

장소를 주제로 한 그림책
『A Dark, Dark Tale』 글, 그림 Ruth Brown
『Finding Jack』 글, 그림 Ann James
『Inside Mary Elizabeth's House』 글, 그림 Pamela Allen

2단계
그림책
15

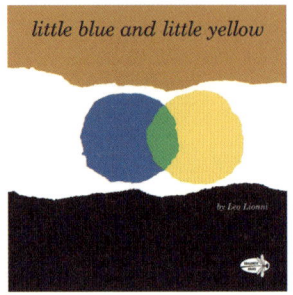

『LITTLE BLUE AND LITTLE YELLOW』
글, 그림 Leo Lionni

색종이 두 조각으로 탄생한 그림책의 고전

- 렉사일: 440L
- 주제: 색깔, 우정
- 사이트 워드: good, how, their, us, when
- 파닉스: /h/ sound (home, he, has, house, here, hug)
- 어휘: Hide-and-Seek(숨바꼭질), pull oneself together(마음을 진정하다)

▶ 칼데콧 아너상을 4번이나 수상한 작가 레오 리오니의 첫 번째 그림책입니다. 손주들과 함께 기차여행을 하면서 지루해하는 아이들을 위해 색종이를 찢어 들려준 이야기를 바탕으로 그림책을 만들었다고 하지요. 콜라주 기법을 그림책에 적용한 것도 레오 리오니가 이 책에서 처음 했다고 하네요.

등장인물은 제목에도 있는 little blue와 little yellow입니다. 학교에는 little red, little tan, little brown, little orange, little cherry도 있는데, 다 함께 숨바꼭질도 하고, Ring-a-Ring-O' Roses 놀이도 합니다. Ring-a-Ring-O' Roses 놀이는 아이들이 둥글게 서서 손을 맞잡고 빙빙 돌면서 놀 때 부르는 노래 이름이기도 합니다.("Ring-a-Ring-O' Roses, A pocket full of posies, Ashes! Ashes! We all fall down.")

little blue가 little yellow랑 또 놀려고 엄마 몰래 집을 나옵니다. little yellow도 똑같은 마음이었나 봐요. 둘은 길에서 마주치고 반가운 마음에 꼭 껴안습니다. "Happily they hugged each other.(그들은 행복한 마음으로 서로를 꼭 껴안아주었어요.)" 그런데 파랑과 노랑이 서로를 꼭 끌어안으니 초록색이 되어버려요. 결국 서로의 부모도 알아보지 못하는 초록색이 된 little blue와 little yellow는 슬퍼서 'they were all tears', 모두 눈물 조각이 될 때까지 웁니다. 그리고 'pulled themselves together', 조각난 몸을 한데 모아 붙이고 다시 little blue와 little yellow가 되어 집으로 돌아가지요. '분노나 슬픔으로부터 마음을 진정시킨다(pull themselves together)'라는 표현을 의미적으로, 또 문자 그대로 해석해서 그림으로 표현한 부분입니다. 우리말 번역

본에서는 "겨우 울음을 그치자 다시 파랑이와 노랑이가 됐어."로 나와 있는데요, 원서의 표현을 살리기 어려운 부분이기도 하지요.

  이 책은 아주 자연스러운 흐름을 가지고 있으므로 책을 여러 번 읽어 문장 안에서 어휘를 익히도록 하는 것이 좋습니다. 독후 활동으로는 색종이를 준비해서 레오 리오니가 손주들에게 해주었던 것처럼 같이 종이를 찢으며 이야기를 만들 수 있습니다. 쉽고 간단한데, 아이들이 정말 좋아합니다. 책을 펼쳐놓고 책의 내용을 똑같이 말하며 이야기를 만들어도 좋습니다.

  책의 내용을 요약하는 활동을 해볼 수도 있습니다. 이야기의 구성요소를 등장인물, 배경, 이야기의 시작, 중간, 끝으로 나누고 요약해봅니다. 아직 문장 전체를 적는 것이 힘들다면, 등장인물, 배경, 시작만 적게 하고, 나머지는 엄마가 아이에게 우리말이나 영어로 알려주어도 괜찮습니다.

Characters (등장인물)	Setting (배경)	Beginning (시작)	Middle (중간)	Ending (끝)
little blue, little yellow	Town	Little blue has many friends. But his best friend is little yellow.	They hugged each other until they were green. Nobody knew who they were. They were sad.	They cried and pulled themselves together. They became little blue and little yellow again.

* 함께 읽으면 좋아요!

색깔을 주제로 한 그림책

『Mix It Up!』 글, 그림 Hervé Tullet

『Press Here』 글, 그림 Hervé Tullet

우성을 주세로 한 그림책

『One』 글, 그림 Kathryn Otoshi

꼭 알고 싶었던 파닉스의 진실

"파닉스는 언제부터 배워야 하나요?"

"파닉스를 뗐는데 아이가 영어책을 안 읽으려고 해요. 이제 혼자서 읽을 수 있는데 왜 그러는지 모르겠어요."

파닉스와 관련해 가장 많이 받는 질문들입니다. 파닉스 학습의 적기에 대해 논하기 전에 '파닉스'와 '영어책을 혼자서 읽는 것'의 의미를 한 번 짚어보겠습니다.

파닉스는 영어의 소리와 문자의 관계에 대해 가르치는 교수법입니다. 파닉스 학습은 영어의 소리를 구분하는 부분과 그 소리를 나타내는 문자를 배우는 부분으로 나누어져 있는데, 한국에서는 영어의 소리를 구분하는 부분은 거의 가르치지 않거나 가볍게 넘어가고, 소리와 문자와의 관계에 대해 주로 배웁니다.

예를 들어, phone이라는 단어를 들었을 때 그 안에는 /f/, /ou/, /n/이라는 3개의 소리가 들어가 있다는 것을 인지하고, 그 각각의 소리를 나타내는 문자 조합을 배우는 방식입니다. /f/, /ou/, /n/이라는 소리 조합이 만들어낼 수 있는 단어로는 phone, fone, foan, fown 등이 있을 수 있습니다. 물론 phone 이외의 단어들은 존재하지 않지요. 이렇게 파닉스를 배우는 아이들은 기본적으로 phone이라는 단어를 듣고 가능한 글자 조합을 생각해내고 그 중 정답을 찾아내야 합니다.

그런데 파닉스만 배웠다고 해서 영어책을 혼자서 읽을 수 있을까요? 못 읽습니다. 소리와 철자와의 관계라는 규칙을 알 뿐이지 '영어' 자체에 대한 지식이 없으므로 내용을 전혀 이해하지 못하기 때문이지요. 파닉스는 영어를 모국어로 사용하는 아이들을 위해 만들어진 리터러시 학습법입니다. 영어가 모국어인 아이들은 파닉스를 다 익히고 나면 책을 읽고 그 내용을 바로 이해할 수 있어 혼자 읽기가 가능합니다. 그렇지만 한국 아이들은 파닉스를 익혔다고 해도 머릿속에 '영어'라는 언어가 없다면 혼자서 책을 읽을 수 없습니다. 만약에 파닉스만 배우고 영어책을 혼자서 줄줄 읽는 아이가 있다면, 그 아이가 읽고 있는 책은 패턴화된 문장을 사용하고 그림만으로도 책의 내용을 짐작할 수 있는 수준의 책일 것입니다.

파닉스 자체도 익히기가 쉬운 것이 아닙니다. 한글과 달리 영어는 소리와 문자와의 관계에 대한 규칙이 복잡하고, 심지어 규칙을 전혀 따르지 않는 단어들이 많아 아이들이 어려움을 겪습니다. 무조건 외워야 하는 경우도 많으므로 학습 능력이 높은 아이나 초등학생이 훨씬 빨리 파닉스를 배웁니다.

그렇다면 파닉스를 안 가르쳐도 된다는 이야기인가 하면, 그렇지는 않습니다. 수많은 논문에서 아이에게 읽기를 가르칠 때 체계적인 파닉스 학습을 하는 것이 가장 효과적이라는 연구 결과가 나와 있습니다. 물론, 부모가 어릴 때부터 영어책을 많이 읽어주었다면 통문자로 단어를 외워서 파닉스 학습 없이도 영어책을 줄줄 읽기도 합니다.

파닉스를 1년이나 배웠는데 아직 아이가 영어책을 못 읽는다고 고민하는 부모님을 뵐 때가 있습니다. 아이 머릿속에 영어라는 언어가 없어서 어려움을 겪는 경우이거나 규칙을 이해하고 적용하는 것을 어려워하는 아이일 수 있습니다. 이럴 때는, 파닉스는 영어를 배우는 데에 아주 작은 부분이니 잠시 내려놓고 영어책을 많이 읽어주고 영어 영상도 보여주면서 영어라는 언어 자체에 집중하는 시간을 갖기를 권합니다. 분명히 변화가 일어날 것입니다. 제 딸도 파닉스 학습을 장모음 단계에서 멈추고, 영어 자체에 집중하는 방법으로 혼자서 읽기 단계로 나아갔습니다.

정리를 하면, 파닉스 학습은 아이에 따라 4살에 시작해도 되는 경우가 있고 초등학교에 들어가서 하는 것이 나은 경우도 있습니다. 그 어떤 경우라도 영어 그림책과 영상을 많이 접해서 영어라는 언어를 많이 알고 있을수록 파닉스 학습이 혼자서 읽기로 더욱 쉽게 연결된다는 사실을 기억하면 좋겠습니다. 그래서 결론은 '영어 그림책 많이 읽어주자'입니다!

읽기에 기본이 되는
사이트 워드 익히기

사이트 워드는 책에 자주 등장해서, 보는 순간 해독하지 않고 바로 읽어내야 하는 단어를 말합니다. 파닉스 규칙과는 상관없이 빈도수를 기준으로 선정된 단어들이지요. 그래서 am, and처럼 파닉스 규칙에 맞는 단어들도 있고, give, have, was, said처럼 파닉스 규칙에 맞지 않는 단어들도 있습니다.

이런 사이트 워드를 목록화해놓은 대표적인 자료로 '옥스퍼드 코퍼스의 고빈도 어휘 100', 미국의 돌치 박사(E. W. Dolch)가 1936년에 만든 '돌치 사이트 워드 리스트 220', 미국의 프라이 박사(Dr. Edward Fry)가 1957년에 만든 '프라이 사이트 워드 리스트 1000' 등이 있습니다. 그 중에서 돌치 사이트 워드 리스트 220은 어린이 영어책에서 빈번하게 나오는 단어 220개를 정리한 목록으로, 명사 95개는 별도로 정리되어 있습니다(총 315개). 함께 읽기 단계에서는 우선 100개의 옥스퍼드 코퍼스 고빈도 어휘를 익히는 데에 초점을 맞추는 것이 좋습니다. 100개를 다 익혔다면 돌치 박사의 315개 사이트 워드로 학습 범위를 확장할 수 있으며, 사이트 워드 학습은 함께 읽기 다음 단계인 유도적 읽기 단계까지 이어집니다.

돌치 사이트 워드 220

권장 연령	사이트 워드
Pre primer (6세)	a, and, away, big, blue, can, come, down, find, for, funny, go, help, here, I, in, is, it, jump, little, look, make, me, my, not, one, play, red, run, said, see, the, three, to, two, up, we, where, yellow, you
Primer (7세)	all, am, are, at, ate, be, black, brown, but, came, did, do, eat, four, get, good, have, he, into, like, must, new, no, now, on, our, out, please, pretty, ran, ride, saw, say, she, so, soon, that, there, they, this, too, under, want, was, well, went, what, white, who, will, with, yes
First Grade (1학년)	after, again, an, any, as, ask, by, could, every, fly, from, give, giving, had, has, her, him, his, how, just, know, let, live, may, of, old, once, open, over, put, round, some, stop, take, thank, them, then, think, walk, were, when
Second Grade (2학년)	always, around, because, been, before, best, both, buy, call, cold, does, don't, fast, first, five, found, gave, goes, green, its, made, many, off, or, pull, read, right, sing, sit, sleep, tell, their, these, those, upon, us, use, very, wash, which, why, wish, work, would, write, your
Third Grade (3학년)	about, better, bring, carry, clean, cut, done, draw, drink, eight, fall, far, full, got, grow, hold, hot, hurt, if, keep, kind, laugh, light, long, much, myself, never, only, own, pick, seven, shall, show, six, small, start, ten, today, together, try, warm

돌치 사이트 워드 명사 95

초성	사이트 워드
A, B	apple, baby, back, ball, bear, bed, bell, bird, birthday, boat, box, boy, bread, brother
C, D	cake, car, cat, chair, chicken, children, Christmas, coat, corn, cow, day, dog, doll, door, duck
E, F	egg, eye, farm, farmer, father, feet, fire, fish, floor, flower
G, H, K	game, garden, girl, good-bye, grass, ground, hand, head, hill, home, horse, house, kitty
L, M, N	leg, letter, man, men, milk, money, morning, mother, name, nest, night
P, R	paper, party, picture, pig, rabbit, rain, ring, robin
S	Santa Claus, school, seed, sheep, shoe, sister, snow, song, squirrel, stick, street, sun
T, W	table, thing, time, top, toy, tree, watch, water, way, wind, window, wood

아이에게 사이트 워드 100개, 200개를 주고 외우라고만 하면, 이내 질려 버리겠지요. 사이트 워드 익히기도 즐거운 놀이처럼 해야 아이가 거부감 없이 받아들일 수 있습니다. 집에서 엄마와 함께 할 수 있는 효과적인 학습법 몇 가지를 알려드리겠습니다.

첫 번째, 사이트 워드가 들어간 문장 쓰기입니다. 현재 읽고 있는 책을 중심으로 사이트 워드가 포함된 문장을 찾아 적는 활동이지요. 처음에는 책에 있는 문장을 그대로 따라 쓰는데, 시간이 지날수록 아이들이 스스로 문장을 만들어서 적게 됩니다. 예를 들어, 『The Chick and the Duckling』을 읽고 'not'이라는 단어를 배운다면, 공책에 'not'이라고 크게 쓰고, 그 아래에 not이 들어간 문장을 쓰게 합니다. 책에 있는 문장을 쓴 다음에는 사전 등에 나온 예문을 1~2개 더 적습니다.

두 번째, 사이트 워드 카드 활용하기입니다. 서점에서 파는 사이트 워드 카드를 사서 해도 되고, 그림책에 나온 사이트 워드를 그때그때 손으로 적어서 만들어도 됩니다. 다이소에서 손바닥만 한 종이 카드를 구입해서 글자를 적으면 쉽게 사이트 워드 카드를 만들 수 있습니다.

단어장 쓰기

사이트 워드 카드를 같이 여러 차례 읽은 후, 어느 정도 익숙해지면 아이 혼자 읽도록 시킵니다. 카드를 쌓아놓고 읽다가 잘 읽은 카드는 밖으로 빼고, 못 읽은 카드는 계속 맨 아래로 보내 모든 카드를 혼자서 읽을 때까지 계속합니다. 몇 초 만에 카드를 다 읽는지 휴대전화 스톱워치 기능을 이용하여 시간을 재는 것도 아이들이 재미있어합니다. 계속 하다 보면 마라톤 기록 갱신하듯이 시간이 줄어들어 은근히 경쟁심이 생깁니다. 엄마의 휴대전화를 사용하는 것은 즐거운 덤이지요. 그 외에 사이트 워드 리더스를 꾸준히 읽는 것도 좋습니다.

마지막으로, 사이트 워드 워크시트 만들기입니다. 워크시트 만들기라니, 뭔가 어려울 것 같아서 부담스럽지요? 글자만 입력하면 그대로 워크시트가 출력되는 정말 쉽고 유용한 사이트가 있습니다. 티쳐 스터프 홈페이지(www.atozteacherstuff.com)에서 우측 상단의 Worksheet Makers 메뉴로 들어가면 단어 찾기, 가로세로 낱말 찾기, 따라 쓰기 등 여러 유형의 워크시트를 직접 만들 수 있답니다.

티쳐 스터프 홈페이지와 워크시트

귀가 뚫리고 입이 트이는 듣기/말하기 훈련법

읽기, 쓰기는 그림책을 통해 서서히 배워나가면 되지만 듣기와 말하기는 어떻게 해야 할까요? 그림책을 활용하여 듣기를 연습하는 방법으로 가장 쉽게 떠오르는 것은 그림책에 포함된 오디오 CD 듣기일 것입니다. 또는 유튜브에서 해당 책의 리드 어라운드 영상을 찾아서 듣는 경우도 있고요.

그림책에 포함된 오디오 CD는 적절한 효과음이 배경으로 나오고, 강조할 부분은 강조하면서 다양한 감정을 넣어 읽어주기 때문에 책의 내용이 귀에 쏙쏙 들어오고 훨씬 쉽게 이해됩니다. 정확한 영어 발음을 들을 수 있고, 의미 단어로 끊어 읽는 읽기의 모범 답안을 접할 수 있다는 점에서도 도움이 되지요. 특히, 읽기의 유창성 연습의 형태인 따라 읽기나 동시에 같이 읽기를 진행하기에도 좋고요. 그림책을 읽어줄 때 엄마의 목소리와 오디오 CD를 조화롭게 사용하는 것은 아이에게 큰 도움이 됩니다.

하지만 그림책의 오디오 CD는 느립니다. 1분에 100단어 이내 수준으로 아주 천천히 책을 읽어주지요. 여기서 속도가 느리다는 것은 어떤 의미일까요? 일반적으로 친한 사람들끼리 수다를 떨 때 분당 150~160단어를 사용하고, 뉴스 아나운서들처럼 정확하게 말하는 경우는 분당 125단어 내외를 사용한다고 합니다. 그래서 그림책의 분당 100단어 전후의 속도를 가진 오디오 CD는 내용을 이해하는 데에는 도움이 되지만 소위 '귀가 뚫리는' 데에는 도움이 되지 않습니다. 귀가 뚫려야 영어의 소리를 제대로 많이 들을 수 있고, 넘치도록 충분히 들어야 입으로 보글보글 영어가 나올 텐데 말이지요.

그렇다면 일상 대화를 자연스럽게 들을 수 있는 비디오를 이용한 듣기는 어떨까요? 영상물을 이용한 외국어 학습은 학습자의 관심을 쉽게 끌어내고, 보다 자연스럽게 언어를 습득하도록 도와주며, 이미지로 인해 더 쉽게 내용을 이해할 수 있어 학습 효과가 높습니다. 매일 일정 시간 동안 무자막 영어 영상물을 꾸준히 보는 것은 귀가 뚫리는 데에 큰 도움이 됩니다. 영상에서 본 상황을 현실에 맞닥뜨리면 자신도 모르게 영상에서 보았던 표현과 제스처를 그대로 말하게 되지요. 그래서 영어를 시작하는 단계에서 아이의 듣기와 말하기 실력을 높여주고 싶다면 영어 영상물을 꾸준히 보여주라고 말하고 싶습니다. 영어 공부하기에 좋은 영어 영상물 리스트를 뒤에 수록하였으니, 참고해주세요.

하지만 아이가 영어 영상을 보는 것을 싫어하는 경우도 있습니다. TV

등 한국어 영상에 이미 익숙해져서 영어로 된 영상은 답답해서 보지 않으려고 하기 때문입니다. 그럴 때는 아이가 선호하는 캐릭터나 장르를 찾아서 보여주거나, 한글 TV 시청을 점차 줄여나가고 매일 짧은 시간이라도 영어 영상을 보도록 습관을 들이는 등의 노력이 필요합니다. TV 애니메이션 시리즈나 어린이 영화 중에 영어 그림책이 원작인 경우도 많으니, 해당 영어 그림책을 여러 번 읽어 내용을 파악한 이후에 애니메이션 시리즈나 영화를 보도록 유도하는 것도 좋은 방법입니다.

귀가 뚫리는 데에 도움이 되는 두 번째 매체는 정상 속도로 영어책을 읽어주는 오디오 CD입니다. 어린아이들이 소화하기 힘들다는 단점이 있지만 초등학생이라면 오디오 CD를 틀어놓고 눈으로 따라가며 책을 꾸준히 읽으면 자연스럽게 귀가 뚫립니다. 여기에 해당되는 책으로는 옥스퍼드 리딩 트리(Oxford Reading Tree) 레벨 7 이상, 네이트 더 그레이트(Nate the Great) 같은 얼리 챕터북, 해리포터(Harry Potter) 같은 챕터북 등이 있습니다.

귀가 뚫려서 영어의 소리를 명확하게 알아듣게 되어 의미 있는 입력이 충분히 이루어졌을 때, 자연스럽게 말하기가 시작됩니다. 이 과정을 좀 더 매끄럽게 도와줄 수 있는 방법으로 쉐도우 리딩(Shadow Reading)이 있습니다. 쉐도우 리딩은 이어폰으로 오디오 CD를 들으며 동시에 따라 말하는 학습법으로 듣기 능력을 향상시키고 말하기에도 일정 부분 도움을 줍니다. 이어폰을 사용하는 이유는, 그렇지 않으면 자신의 목소리 때문에 따라 해야 하는 원음을 잘 들을 수 없기 때문입니다.

여러 차례 들었고, 글로도 많이 본 표현인데 입 밖으로 내서 말하려면 더 듬거리게 되는 경험이 있을 것입니다. 쉐도우 리딩은 알고 있다고 생각하지만 입 밖으로 나오지 않는 영어 표현을 입에 붙도록 해줍니다. 그리고 끊어 읽기를 연습하거나 문장 전체의 리듬을 익히는 데에도 큰 도움이 됩니다.

쉐도우 리딩을 할 때는, 아이가 내용을 이해하고 있는 책을 골라야 합니다. 또한, 고도의 집중력을 요구하므로 한 번에 10분 전후로 짧게 학습하고, 분당 단어수(wpm)가 120~150 사이에 있는 오디오를 고르는 것이 좋습니다. 분당 단어수가 170~180에 이르면 분명 정상 속도 범위에 있어 귀로는 알아들었는데 혀가 꼬여 발음할 수 없는 경우가 종종 생깁니다.

읽기와 듣기에 도움이 되는 오디오북 리스트

    읽기와 듣기에 도움이 되는 리더스, 얼리 챕터북, 챕터북을 소개하겠습니다. 오디오 CD의 속도와 책의 수준을 나타내는 지수인 GRL 지수를 같이 제시했으니 참고하기 바랍니다.

Frog and Toad

GRL 지수: K / 오디오 CD 속도: 90~100wpm

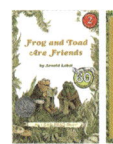  

아이 캔 리드 리더스 레벨 2에 포함된 칼데콧 아너상 수상 그림책 시리즈로 배경음악이 같이 나와 지루함이 덜합니다. 등장인물에 따른 다양한 감정이나 목소리톤이 잘 표현되어 있어 오디오 소리를 들으며 책을 읽으면 읽기 연습에 도움이 많이 됩니다.

Mercy Watson

GRL 지수: K / 오디오 CD 속도: 100wpm

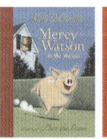 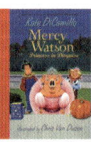 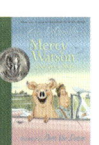

장난꾸러기 돼지 머시 왓슨과 왓슨 씨네 이야기로 가이젤 아너상 수상작이 포함된 얼리 챕터북 시리즈입니다. 오디오는 남자 목소리로 구수하고 감칠맛 나게 읽어줍니다. 오디오 속도가 느려 Frog and Toad 시리즈처럼 듣기 연습보다는 읽기 연습에 적합합니다.

Oxford Reading Tree

오디오 CD 속도: ORT 1~6, 100~120wpm

오디오 CD 속도: ORT 7~11, 120~140wpm

 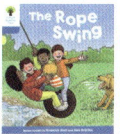 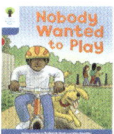

영국 초등학교의 80퍼센트가 사용하고 있다는 리더스로 10단계 이상으로 세분화되어 기초부터 챕터북 수준까지 다양한 레벨로 이루어져 있습니다. 오디오 CD의 속도는 ORT 7부터 정상 속도이고, ORT 6까지는 분당 단어수가 100~120으로 정상 속도보다 느립니다.

Nate the Great

GRL 지수: K / 오디오 CD 속도: 120~130wpm

 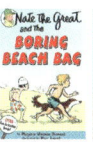 

이 얼리 챕터북의 주인공은 주변에서 일어나는 미스터리를 해결하는 어린이 탐정 네이트입니다. 어린이계의 셜록 홈즈라고 해도 될 만큼 천재적이고 진지하고, 또 콧대가 하늘을 찌르는 캐릭터입니다. 오디오는 주인공의 이런 특성을 잘 살려서 아주 잘난 척하는 목소리로 정말 재미있게 책을 읽어줍니다. 오디오의 전체 길이가 15분 전후라 호흡이 짧은 아이들도 부담없이 들을 수 있습니다.

Judy Moody

GRL 지수: L / 오디오 CD 속도: 140~150wpm

3학년이 된 주니의 일상을 다룬 챕터북인데, 남동생 스팅크와 두 명의 남자아이가 모든 에피소드에 같이 나옵

니다. 동명의 영화도 나와 있어 활용도가 높은 챕터북입니다. 오디오는 책 제목 그대로 감정 기복이 심한 주인공의 특성을 잘 살린 목소리가 귀에 착착 감기도록 읽어줍니다.

Magic Tree House

GRL 지수: M / 오디오 CD 속도: 120~130wpm

매 권마다 새로운 시대와 장소로 모험을 떠나는 어드벤처물 챕터북입니다. 신중하고 똑똑한 8살 잭과 저돌적이고 친화력 좋은 7살 애니가 주인공입니다. 오디오는 저자가 직접 읽어주는데, 잔잔하고 편안한 목소리로 마치 옆에서 책을 읽어주는 듯합니다.

Junie B. Jones

GRL 지수: M / 오디오 CD 속도: 140~150wpm

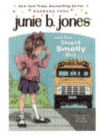  

유치원생 주니의 좌충우돌 일상을 담은 챕터북으로 여자아이들이 좋아하는 책입니다. 오디오는 책의 내용과 어울리게 경쾌하고 발랄한 여자 목소리로 속도감 있게 녹음되어 있습니다.

Ivy + BEAN

GRL 지수: M / 오디오 CD 속도: 120~130wpm

  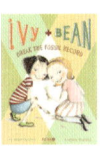

책 읽는 것을 싫어하는 활동적인 빈과 책 읽는 것을 좋아하지만 엽기적으로

보일 만큼 엉뚱한 아이비의 우정에 관한 이야기입니다. 오디오는 밝고 감정이 풍부한 목소리로 일곱 살 두 소녀의 일상을 재미있게 읽어줍니다.

The Zack Files

GRL 지수: N / 오디오 CD 속도: 150~160wpm

변신과 초능력, 윤회 등 상상을 초월하는 판타지적 요소가 코믹하게 녹아 있는 책으로, 미국에서 25분 전후의 TV 시리즈로 제작되기도 했습니다. 10살 잭이 주인공인데, 등장인물에 따른 음성 변조가 인상적인 경쾌한 오디오 CD입니다.

Diary of a Wimpy Kid

GRL 지수: T / 오디오 CD 속도: 170~180wpm

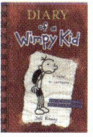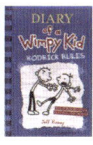

중학교 1학년 남자아이의 일상이 담긴 일기장을 그대로 옮겨놓은 챕터북입니다. 최근 몇 년 사이에 4차례나 영화로 제작되었을 만큼 큰 인기를 끌고 있는 책인데, 오디오 CD 속 허세 가득한 목소리가 듣는 재미를 더합니다.

Harry Potter

GRL 지수: V, W / 오디오 CD 속도: 150wpm

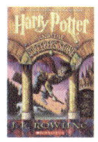

영국과 미국 버전이 있는데, 두 버전 모두

한 사람이 읽어주는 것이 맞나 싶을 만큼 다양한 목소리로 읽어줍니다. 이 책에는 마법 주문(spell) 등 조앤 롤링이 창조한 단어가 다수 포함되어 있는데, 오디오를 통해 마법 주문을 실감나게 듣는 즐거움을 맛볼 수 있습니다. 전체 녹음시간이 137시간에 이르는 대작입니다.

그림책 공부 상담실

Q 원어민 선생님과 말하기 연습, 언제가 적기일까요?

사실 원어민 선생님과 말하기 연습은 많이 하면 할수록 좋습니다. 하지만 경제적 효율성을 고려한다면, 아이의 잔이 차서 보글보글 넘칠 때, 즉 입에서 영어가 터져 나와서 아이가 자꾸 영어로 말을 하는데 도저히 내 수준으로는 응답해줄 수 없을 때, 말하기 연습에 들어가는 것이 좋습니다.

그 전에는 돈 먹는 하마입니다. 원어민 선생님들은 어린아이들에게 공부를 많이 시키지 않기 때문에 수업하는 것을 보면 복장이 터집니다. 금쪽 같은 시간에 숨바꼭질을 하는 등 아주 느슨하게 수업을 진행하고, 어떨 때는 웃느라 수업 시간의 3분의 1이 다 지나가는 것이 아닌가 하는 생각이 들 때도 많지요. 물론 이게 진짜 영어입니다. 외국인과 의사소통하고 농담을 주고받으며 영어에 부담 갖지 않을 수 있고요. 다만 아직 문장도 제대로 못 만드는 아이에게 원어민 회화를 시키면 진도가 너무 느리기 때문에 엄마의 정신 건강에 해롭습니다.

6살 예진이와 8살 다인이는 모두 어릴 때부터 엄마가 영어 그림책을 꾸준히 읽어주었습니다. 예진이는 주 2회, 각 50분씩 영어 그림책 수업을 1년 이상 받았고, 다인이는 엄마표 영어만 진행한 아이였습니다. 두 아이 모두 유창한 읽기가 가능했는데, 읽기 수준은 각자의 연령보다 월등히 높은 상태였습니다. 저와 영어로 대화를 하는 데에도 별다른 어려움이 없었고 영어로 질문도 자주 하는 뛰어난 아이들이었지요. 책을 읽고 그 내용을 기반으로 자신의 생각을 글로 쓰는 수준의 쓰기까지 가능한 상태였습니다. 그런데 6살 예진이는 아직 나이가 어려 그날 그날의 컨디션에 따라 학습이 잘 되기도 하고 잘 안 되기도 했습니다. 그에 반해 8살 다인이는 영어 실력이 6살 예진이와 비슷한데도 늘 일정한 학습 컨디션을 유지했습니다. 영어를 정말 좋아하고 입으로 보글보글 영어가 튀어나오는 이 두 아이 모두 원어민 선생님과 말하기 연습을 시키는 것이 좋을까요? 예진이의 경우, 굳이 그렇게 하지 않아도 된다고 생각합니다. 1, 2년은 현 상태를 유지하다가 학습 태도가 안정적일 때, 아이가 쓴 글을 읽고 그 내용에 대해 이야기 나누고 교정(Proofreading)을 봐줄 사람이 필요할 때가 적기일 것입니다. 물론 시기가 되어 영어 말하기 연습을 시작했다면 금방 느는 것 같지 않아도 꾸준히 해야 합니다.

Q 영어 쓰기는 언제부터 하는 게 좋을까요?

영어 쓰기는 한꺼번에 뚝딱 되는 것이 아니므로 아이가 짧은 글이라도 꾸준히 쓸 수 있도록 도와주는 것이 좋습니다. 함께 읽기 단계에서부터 따라 쓰기 등 간단한 쓰기 활동을 조금씩 해주는 것이 좋습니다. 파닉스를 배운다면 자연스럽게 단어 쓰기가 시작될 것이고, 내 생각을 정리해서 쓰는 본격적인 쓰기는 유도적 읽기 단계에서 시작됩니다.

쓰기는 듣기, 읽기 등의 영어 입력량이 충분할 때 비로소 제대로 구현할 수 있습니다. 그러니 서두르지 말고 읽기와 듣기 양이 충분해서 영어의 문장 구조를 자연스럽게 이해하고 짧은 문장을 혼자 힘으로 구사할 때 본격적으로 쓰기에 들어갈 수 있습니다. 우리나라 아이들은 읽기 수준에 비해 말하기 수준이 상당히 낮기 때문에 아이가 어느 수준의 책을 읽을 때를 기준으로 하기보다는 아이가 영어로 말문이 터질 때, 영어로 문장을 만들 수 있을 때를 기준으로 하는 것이 좋습니다.

사실 쓰기는 제가 딸아이의 영어 학습에서 가장 아쉬워하는 부분입니다. 드디어 말문이 트여 영어로 대화가 가능한 수준이 되었는데도 쓰기를 싫어하는 아이에게 어떤 방법을 제시해야 하는지 몰라 결국 제대로 쓰기를 진행하지 못했지요. 영어 일기장 말고 별다른 쓰기 아이디어가 없었던 그 당시를 생각하면 안타까운 마음이 큽니다. 그래서 이 책에서는 말풍선 달기, 문장 패턴을 이용해서 새로운 문장 만들기, 등장인물이나 사건 등 문장의 구성요소를 이용해서 이야기 요약하기, 등장인물의 캐릭터를 분석하고 적기 등 다양한 활동을 통해 서서히, 그리고 재미있게 쓰기에 들어가는 방법을 제시했습니다.

4부

3단계, 혼자서 읽기에 도전하는 아이를 위한 유도적 읽기

정독과 다독이 함께 가는 유도적 읽기

유도적 읽기(Guided Reading)는 리드 어라우드 단계와 함께 읽기 단계를 몇 년 동안 꾸준히 진행한 아이들을 위한 읽기 학습입니다. 유도적 읽기 단계에서는 학습의 주체가 아이로 바뀝니다. 엄마나 선생님이 책을 들고 읽어주는 것이 아니라 아이가 책을 들고 책상에 앉아서 읽게 되지요. 부모는 아이가 책을 읽을 때 내용 이해나 어휘 학습과 관련된 다양한 읽기 전략을 사용하도록 도와주는 역할을 합니다. 유익한 읽기 전후 활동에 대해 생각해보고, 기본 어휘를 가르칠 수 있는 그림책을 찾고, 그림 사전을 활용하여 어휘를 익힐 수 있도록 도와주며, 아이가 흥미를 가질 만한 영상을 찾아서 꾸준히 보여줍니다.

유도적 읽기 단계에서는 여전히 파닉스를 배우지만, 파닉스 학습을 마무리하고 읽기의 유창성에 집중해서 독립적인 읽기를 준비하는 단계이기도 합니다. 유창성(Fluency)이란 적절한 속도로, 정확하게, 글에 알맞은 감정을 실어, 말하는 것처럼 자연스럽게 읽는 것을 말합니다. 단지 글자를 정확하게 읽는 것이 읽기 학습의 전부라고 생각하지 말고, 정확하고 빠르게 읽도록 해야 하며, 이런 과정을 통해 아이는 책을 더 잘 이해할 수 있게 됩니다.

그림책을 위주로 했던 이전 단계와 달리, 유도적 읽기 단계에서는 픽션과 논픽션 영어 그림책은 물론이고, 리더스, 얼리 챕터북, 챕터북 등 다양한 책을 읽게 됩니다. 영어 그림책을 고를 때도 쉽지 않았는데 이렇게 다양한 종류의 책들 중에서 아이에게 맞는 책을 골라야 한다니, 어쩐지 더 어렵게 느껴질 수도 있습니다. 하지만 학습 연령에 따른 인지 수준과 텍스트의 난이도를 다 고려해야 했던 리드 어라우드 단계나 함께 읽기 단계와 달리 초등학생을 대상으로 한 유도적 읽기 단계의 교재들은 텍스트의 난이도만 고려하면 되기 때문에 오히려 책 선택이 더 수월합니다. 다만, 시리즈당 수십 혹은 수백 권으로 된 리더스와 챕터북의 특성을 고려할 때, 책 한 권 한 권의 수준을 알려주는 렉사일 지수나 AR 지수보다는 GRL 지수를 더 많이 사용합니다.

영어를 모국어로 사용하는 아이들은 만 3세부터 25세까지 대략 1년에 1,000개의 워드 패밀리(Word Family)를 익힌다고 합니다. 워드 패밀리는 한 어휘가 대표하는 그룹을 말하는데, 예를 들어 'happy'의 워드 패밀리에는 happier, happily, unhappy, happiness 등이 포함되어 있습니다. 즉, 1,000개의 워드 패밀리는 1,000단어보다 훨씬 많은 수의 단어를 뜻하지요.

1년에 1,000개의 워드 패밀리라니. 외국어로 영어를 배우는 우리 아이들의 상황을 생각해볼 때 도저히 접근할 수 없을 것만 같은 어마어마한 어휘 수이지요? 힘들다 할지라도 이에 근접한 어휘를 익힐 수는 있습니다. 이를 위해서는 '다독을 통한 간접적 어휘 습득'과 '정독과 학습을 통한 직접적 어휘 습득'이 동시에, 집중적으로 이루어져야 하며, 정독과 다독이 손잡고 같이 가는 읽기가 유도적 읽기라고 말할 수 있습니다.

유도적 읽기는 아이가 혼자서 미국 초등 4학년 수준의 책을 읽어낼 수 있을 때까지 계속하는 것이 좋기 때문에 명확하게 기간을 정하기 어렵습니다. 아이가 리드 어라우드 단계, 함께 읽기 단계를 거쳐 유도적 읽기 단계를 잘 진행하고 있다면 아이 스스로 읽고 싶어서 읽는 자발적 읽기(Free Voluntary Reading) 형태가 나타납니다. 이때부터 부모의 역할은 책을 선택하거나, 책을 읽은 후 그 내용에 대해 가볍게 이야기하는 정도로 줄어들고, 아이는 본격적인 다독의 길을 걷게 됩니다.

워드 스터디도 유도적 읽기 단계에서 들어갑니다. 워드 스터디는 한참 글쓰기를 배우는 아이들을 대상으로 철자법의 기본 규칙을 가르쳐서 보다 쉽고 체계적으로 쓰기를 익히게 하는 교수법입니다. 두음법칙 등 한글의 맞춤법 교육과 유사합니다. 워드 스터디에는 복합어, 묵음, 동음이의어, 접미사, 접두사, 축약형 등이 포함됩니다. 예를 들어, 알파벳 c는 /k/ 소리가 나는 것이 일반적이지만, ice, circle처럼 모음 e, i, y 앞에서는 /s/ 소리가 납니다. 이러한 패턴을 배우게 되면 보다 쉽고 정확하게 c가 들어간 단어를 읽고 쓸 수 있게 됩니다. know, write 속 묵음 규칙도 이때 배웁니다. 접미사에는 동사의 복수형과 진행형, 형용사의 비교급과 최상급까지 포함되니 문법적인 요소가 있습니다.

사실 워드 스터디는 제가 이 책에서 설명한 것보다 훨씬 내용이 많은데, 시중에 '워드 스터디 워크북'이 많이 나와 있으니 아이와 워크북을 풀어보는 것도 도움이 됩니다. 하지만 리드 어라우드와 함께 읽기를 충분히 거친 후에, 쓰기에 본격적으로 들어갈 때 워드 스터디를 따로 배우는 것이 좋다는 것을 잊지 마시기 바랍니다.

스펠링 연습을 위한 무료 온라인 사이트 Spelling Wizard
www.scholastic.com/parents/games/spelling-wizard.html

워드 스터디 하기 좋은 그림책

접두사와 접미사

The OK Book
글 Amy Krouse Rosenthal,
그림 Tom Lichtenheld

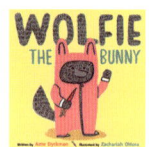

Wolfie the Bunny
글 Ame Dyckman,
그림 Zachariah OHora

Fortunately
글, 그림 Remy Charlip

Scaredy Squirrel
글, 그림 Mélanie Watt

동음이의어

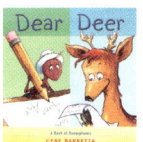

Dear Deer: A Book of Homophones
글, 그림 Gene Barretta

The King Who Rained
글, 그림 Fred Gwynne

축약형

Read the Book, Lemmings!
글 Ame Dyckman, 그림 Zachariah OHora

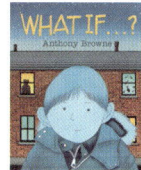

What If... ?
글, 그림 Anthony Browne

복합어

100 Things That Make Me Happy
글, 그림 Amy Schwartz

Joseph Had a Little Overcoat
글, 그림 Simms Taback

유도적 읽기 단계에서 읽으면 좋은 그림책

유도적 읽기 단계는 앞서도 설명드렸듯이 '아이가 읽기의 주체가 되는 단계'이기 때문에 시작할 때는 함께 읽기 단계보다 더 쉬운 책을 사용하기도 합니다. 아주 쉬운 한 줄짜리 그림책에서부터 시작해서 한 페이지 전체가 글자로 이루어진 챕터북까지 모두 읽게 되는 단계이지요. 그림책을 주로 다루는 이 책에서는 초등 저학년 수준까지의 그림책만을 소개했습니다.

여기에서 소개하는 15권의 그림책은 정독을 위한 책들이어서, 독후 활동을 다소 상세하게 기술했습니다. 각각의 내용에 맞는 어휘 학습이나 내용 이해 활동 등을 소개했는데, 익숙해진 이후에는 다양한 방식으로 다른 책에도 활용할 수 있습니다. 예를 들어, 존 클라센의 『This is Not My Hat』을 읽고 난 후 책에 말풍선 달기를 해보았다면, 같은 작가의 책인 『I Want

My Hat Back』을 읽고 마찬가지로 말풍선 달기를 해볼 수 있겠지요. 또 다른 예로 피터 브라운의 『Mr. Tiger Goes Wild』를 읽고 난 후 주요 어휘인 'wild'를 깊이 있게 배우는 어휘 학습을 하였다면, 모리스 샌닥의 『Where the Wild Things Are』에서는 'stare'라는 어휘를 깊이 있게 배워볼 수 있습니다.

유도적 읽기에 적합한 그림책은 GRL에 따라 난이도가 쉬운 책부터 소개했습니다. GRL 지수가 없는 그림책 3권은 제가 그동안 아이들과 책을 활용해본 경험을 바탕으로 난이도를 주관적으로 판단했습니다. 특히 초등학생들이 정말 좋아하고, 이 단계에서 꼭 알아야 할 내용들을 설명하기에 적합한 책으로 골랐습니다. 또한 『Where the Wild Things Are』처럼 여러 기관의 추천도서 리스트에 빠지지 않는 책들, 『Are We There Yet?』처럼 이미지 정보에 일찌감치 노출된 요즘 아이들의 감성에 맞는 최신 그림책들, 『Mister Seahorse』처럼 줄거리보다는 지식 전달에 포커스를 둔 정보 그림책 등을 골고루 소개하고자 했습니다.

또한, 읽기 후 활동에서는 쓰기와 어휘 학습에 좀 더 초점을 맞추었습니다. 사이트 워드는 돌치 박사의 315개 사이트 워드 리스트를 기준으로 각 권마다 10개씩 소개했습니다.

3단계
그림책
01

『THIS IS NOT MY HAT』
글, 그림 Jon Klassen

칼데콧상과 케이트그린어웨이상을 동시 수상한 그림책

- 렉사일: AD340L / GRL: H
- 주제: 시각적 문해력
- 사이트 워드: big, I, is, it, not, from, just, this, when, fish
- 워드 스터디: 축약형 (won't, wouldn't, it's)
- 어휘: steal(훔치다), won't(하지 않을 것이다), even if(비록 ~할지라도), notice(알아차리다), close(가까운), worried(걱정하는), wrong(잘못된)

▶ 존 클라센은 『This is Not My Hat』으로 칼데콧 위너상(2013년)과 케이트그린어웨이 위너상(2014년)을 동시에 수상함으로써 단숨에 세계적 명성을 지닌 작가가 되었습니다. 이 두 상을 동시 수상한 작가는 게일 헤일리와 존 클라센뿐입니다. 게일 헤일리는 각각 다른 그림책으로 상을 수상했으니, 한 권의 책으로 이런 기록을 세운 작가는 존 클라센이 유일하지요. 이 대기록은 앞으로도 깨지기 힘들 것 같습니다.

언제나 야구 모자를 쓰고 있는 존 클라센은 이 책을 포함해서 모자 3부작(Hat Trilogy)을 출간했는데, 세 권 모두 재미있습니다.

이 책은 작은 물고기 한 마리가 큰 물고기가 잠든 사이에 '모자'를 훔쳐서 달아난 이야기입니다. 등장인물이 큰 물고기, 작은 물고기, 게뿐이고, 글은 오직 작은 물고기의 대사로만 구성되어 있습니다. 이처럼 간결한 구성에도 불구하고 책 전체에 긴장감이 넘쳐 흐르는, 아주 매력적인 책입니다. 책을 볼 때 글뿐만 아니라 이미지도 글처럼 읽어내는 능력인 비주얼 리터러시에 초점을 두고 글과 그림을 같이 읽어야 합니다. 그림을 살펴보면 눈동자, 물방울, 해초 등의 미세한 움직임이 큰 물고기의 감정 변화와 움직이는 속도 및 방향을 나타내고 있지요. 수직으로 서 있던 해초가 뒤로 쏠리는 모습은 앞으로 달려나가기 직전의 긴장감과 속도감을 보여줍니다.

책에는 작은 물고기가 혼자서 가정과 추측을 반복하는 문장이 여러 개 나오는데, 문장 패턴에 유의하면서 해당 부분을 반복적으로 읽어 유창성 연습을 하는 것도 좋습니다.

And even if he does wake up, he probably won't notice that it's gone. (잠

에서 깨더라도, 모자가 사라진 것을 알아차리지는 못할 거야.)

And even if he does notice that it's gone, he probably won't know it was me who took it. (설혹 모자가 사라진 것을 알아차리더라도, 내가 가져간 것은 모를 거야.)

이 책은 열린 결말로 끝나기 때문에 아이와 작은 물고기의 운명에 대해서 다양한 이야기를 나누어볼 수 있습니다. 계속 조잘조잘 말을 하던 작은 물고기가 마지막 여섯 페이지 동안 한 마디도 안 한다는 것에도 주의를 기울이면 좋겠지요. 어린아이들은 무서워하는 경우가 종종 있으니 되도록 7살 이후의 아이에게 읽어주는 것이 바람직하며, 그런 이유로 이 책의 렉사일 지수에는 어른과 함께 읽으라는 뜻의 AD코드가 붙어 있습니다.

책을 읽은 후 포스트잇으로 큰 물고기에게 말풍선을 달아주며 새로운 1인칭 시점의 이야기를 만들어보세요. 쉽고 간단해서 아이들도 가벼운 마음으로 쓰기에 참여합니다. 아래에 제시한 문장을 사용해도 되지만 아이의 생각을 들어보고 그대로 적어도 좋습니다.

- 잠에서 깨며: Hmmm, something is not right. (음… 뭔가 이상한데.)
- 머리 위를 확인하며: Where is my hat? It is gone! (내 모자가 어디 갔지? 없어졌네!)
- 복수심에 불타며: I know who took my hat. It's Little Fish! (누가 내 모자를 가져갔는지 딱 알겠네. 바로 작은 물고기야!)
- 급히 앞으로 나아가며: Little Fish is going to hide. I will find him! (작은 물고기는 숨으러 갔을 거야. 내가 꼭 찾고 말겠어!)
- 게를 만나며: Which way did Little Fish go? (작은 물고기가 어디로 갔지?)
- 물풀 속으로 들어가며: Here you are! (여기 있구나!)
- 모자를 쓰고 자며: I love my hat. (난 내 모자를 정말 사랑해.)

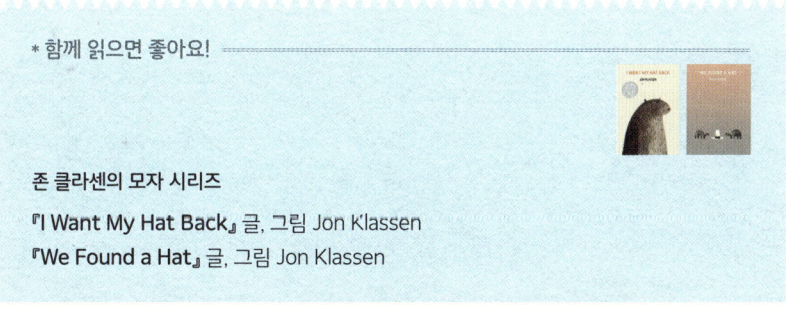

* 함께 읽으면 좋아요!

존 클라센의 모자 시리즈
『I Want My Hat Back』 글, 그림 Jon Klassen
『We Found a Hat』 글, 그림 Jon Klassen

3단계
그림책
02

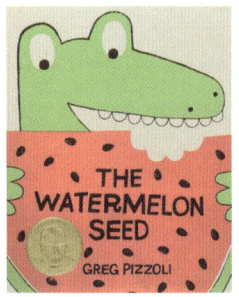

『THE WATERMELON SEED』
글, 그림 Greg Pizzoli

우걱우걱 후루룩 꿀꺽! 소리까지 맛있는 그림책

- 렉사일: 350L / GRL: H
- 주제: 수박
- 사이트 워드: for, help, here, like, just, best, don't, grow, will, time
- 워드 스터디: 복합어(watermelon, fruit salad, somebody, inside)
- 어휘: seed(씨), teeny tiny(아주 작은), gulp(꿀꺽), guts(내장), vine(덩굴), stretch(쭉 늘어나다), feel funny(느낌이 이상하다), close(아슬아슬한)

아침에도 점심에도 저녁에도 수박을 먹고, 디저트로 또 먹을 만큼 수박을 정말 좋아하는 아기 악어 이야기입니다. 실수로 수박 씨를 삼킨 아기 악어는 뱃속에서 씨앗이 수박으로 자랄까 봐 근심에 잠깁니다. 이제 곧 배는 터질 듯이 불러오고, 온몸은 핑크색으로 변하고, 귀로는 덩굴이 나올 거라고 생각하지요. 그런데 갑자기 "Burp!", 트림을 하니 수박 씨가 쏙 나왔네요.

책 전체가 수박 색깔인 검정, 초록, 분홍, 하양만으로 이루어져 있는, 경쾌하고 코믹하고 사랑스러운 책입니다. 그렉 피졸리가 2013년에 출간한 첫 그림책이기도 한 이 책은, 단숨에 가이젤 위너상(2014년)을 수상했지요. 그렉 피졸리는 2017년에 『Good Night Owl』로 다시 한번 가이젤 아너상을 수상하기도 했습니다.

눈에 띄는 표현을 볼까요? "a big salty slab"이라는 표현이 나오는데, 말 그대로 '소금을 뿌린 수박 한 조각'입니다. 수박에 소금을 뿌려 먹으면 식감이 더 좋아서 미국에서는 이런 방식으로 수박을 먹기도 한답니다.

이 책은 아무래도 먹는 이야기이다 보니 의성어가 많이 나옵니다. chomp는 한 번에 많은 양을 우걱우걱 먹는 모습을 연상하면 되고, slurp는 후루룩 시끄럽게 먹는 모습 또는 그 소리를 나타냅니다. gulp는 꿀꺽, grumble은 꾸르륵거리는 소리를 표현하는 말입니다.

책을 읽은 후 책의 내용을 다시 말하는 활동을 해보세요. 스케치북에 색연필로 아기 악어의 상상 속 공포를 그리면서 책의 내용을 다시 말하는 활동입니다. 혼란에 빠진 악어의 눈은 가운데로 모이게 그리고, 수박을 가득

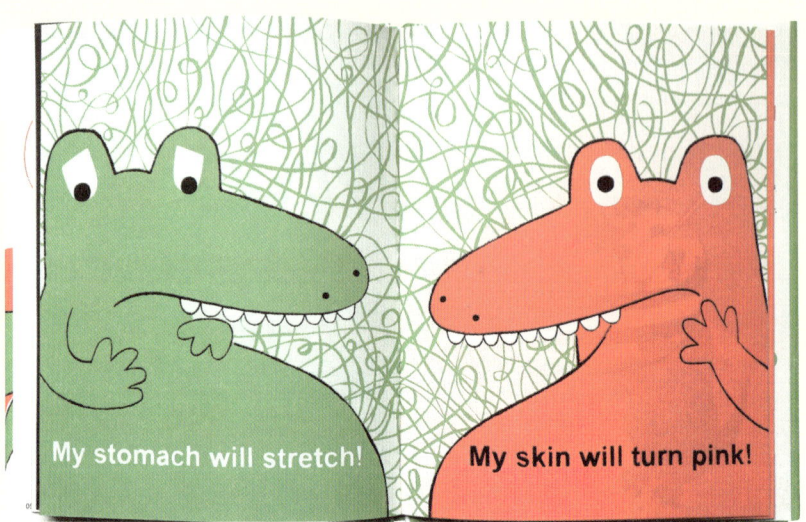

먹은 배는 아주 통통하게 그리면 좋겠지요? 아이가 원한다면 뾰족하게 이빨을 그려도 좋고 말풍선으로 글을 적어도 좋습니다.

• 악어의 얼굴을 그리면서 : I just swallowed a seed. (난 지금 막 수박 씨를 삼켰어.)

• 눈을 가운데로 모이게 그리면서 : It's growing in my guts. (수박 씨가 내 뱃속에서 자라고 있어.)

• 귀에서 자라는 덩굴을 그리면서 : Soon vines will come out of my ears! (이제 곧 내 귀에서 덩굴이 자랄 거야.)

• 배를 뚱뚱하게 그리면서: My stomach will stretch! (내 위장은 쑤욱 늘어날 거야.)

• 분홍색으로 몸을 색칠하면서: My skin will turn pink! (내 피부는 분홍색이 될 거야.)

악어를 그리며
책 내용 말하기

* 함께 읽으면 좋아요!

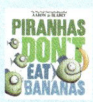

과일과 야채를 주제로 한 그림책

『Piranhas Don't Eat Bananas』 글, 그림 Aaron Blabey
『The Little Mouse, the Red Ripe Strawberry, and the Big Hungry Bear』
글 Don and Audrey Wood, 그림 Don Wood
『I Will Never Not Ever Eat a Tomato』 글, 그림 Lauren Child

읽기를 시작하는 아이에게 딱 맞는 가이젤상

　미국도서관협회(ALA)에서 매년 어린이들의 읽기 학습에 도움이 되는 책의 글 작가와 그림 작가에게 수여하는 상으로 위너상(Winner)과 아너상(Honor)으로 나누어져 있습니다. 아이들이 재미있게 책을 읽을 수 있도록 노력했던 닥터 수스, 즉 테오도르 수스 가이젤(Theodor Seuss Geisel) 박사의 이름을 따서 만든 상으로 2006년부터 수상작을 발표하기 시작했습니다. 칼데콧상이나 케이트그린어웨이상과 달리 가이젤상은 책의 내용과 페이지수, 그림과 글의 관계, 문장 구조 등 상당히 까다로운 수상 조건이 있습니다.

- 책을 읽기 시작하는 아이들을 지원하고 용기를 주는 책이어야 한다.
- 글은 Pre-K(만 4~5세)부터 2학년까지 아이들을 대상으로 해야 한다.
- 그림은 글을 이해하는 중요한 열쇠가 되어야 한다.
- 새로운 단어는 천천히 더해져서 아이들이 새로운 단어를 스스로 익히는 긍정적인 경험을 이끌어내도록 도와주는 것이 좋다.
- 어휘를 기억하는 데에 도움이 되도록 반복적으로 나와야 한다.
- 문장은 단순해야 한다.
- 책의 전체 페이지수는 24페이지부터 96페이지까지이다.

미국도서관협회는 매년 1권의 위너상 수상작과 2권 내지 5권의 아너상 수상작을 발표하는데, 위너상 수상작 목록은 아래와 같습니다.

연도	글 작가	그림 작가	제목
2019	Corey Tabor	Corey Tabor	Fox the Tiger
2018	Laurel Snyder	Emily Hughes	Charlie & Mouse
2017	Laurie Keller	Laurie Keller	We Are Growing!
2016	David A. Adler	Sam Ricks	Don't Throw It to Mo!
2015	Anna Kang	Christopher Weyant	You Are (Not) Small
2014	Greg Pizzoli	Greg Pizzoli	The Watermelon Seed
2013	Ethan Long	Ethan Long	Up, Tall and High!
2012	Josh Schneider	Josh Schneider	Tales for Very Picky Eaters
2011	Kate DiCamillo and Alison McGhee	Tony Fucile	Bink and Gollie
2010	Geoffrey Hayes	Geoffrey Hayes	Benny and Penny in the Big No-No!
2009	Mo Willems	Mo Willems	Are You Ready to Play Outside?
2008	Mo Willems	Mo Willems	There is a Bird on Your Head!
2007	Laura McGee Kvasnosky	Laura McGee Kvasnosky	Zelda and Ivy: The Runaways
2006	Cynthia Rylant	Suçie Stevenson	Henry and Mudge and the Great Grandpas

3단계
그림책
03

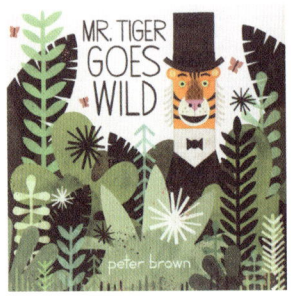

『MR. TIGER GOES WILD』
글, 그림 Peter Brown

격식을 벗어던진 호랑이 씨 이야기

- 렉사일: AD440L / GRL: I
- 주제: 개성, 다양성
- 사이트 워드: was, goes, were, good, with, now, like, had, very, want
- 워드 스터디: 접두사와 접미사(perfectly, lovely, kindly, completely, having, animals, friends, things, wanted, missed, decided, wilder, unacceptable, return)
- 어휘: loosen up(풀어지다), peculiar(이상한), go too far(너무 멀리 나가다), magnificent(아주 멋진), feel free(마음 놓고 해도 괜찮다)

▶ 『Mr. Tiger Goes Wild』는 모두가 행복한 질서 정연한 세상에서 혼자만 뭔가 잘못되었다고 느끼는 호랑이 씨 이야기입니다. 모든 것이 갖춰져 있지만 점점 원래의 개성을 잃어가는 우리의 모습을 되돌아보게 한다는 점과 개성을 인정하지만 거기에도 정도가 있다는 점을 알려주는, 아주 멋진 책입니다.

이 책의 저자 피터 브라운은 규격화된 단조로운 삶을 표현하기 위해 그림책의 배경에 빅토리아풍의 똑같은 건물을 흑백에 가까운 색으로 쭉 배열했습니다. 또 작가가 강조하고 싶은 부분만 선명하게 색칠하는 최소주의 기법도 눈에 띕니다.

늘 틀에 박힌 행동을 하는 어른들이 눈을 감고 다니는 모습에서 보고 싶은 것만 보고, 편견에 사로잡혀 제대로 볼 줄 모르는 사람들의 모습이 연상되네요. 글로는 표현되지 않았지만 어른들과 달리 눈을 뜨고 있거나 웃고 있는 아이들의 모습을 짚으며 이야기를 나누어보아도 좋겠지요.

책 속 표현을 살펴볼까요? "Everyone was perfectly fine with the way things were. Everyone except Mr. Tiger.(모든 사람은 완벽하게 괜찮았어요. 딱 한 명, 호랑이 씨만 빼고요.)" 여기서 "the way things were"는 정말 해석하기 곤란한 표현입니다. '살아가는 것이', 혹은 '주변에 돌아가는 상황이' 정도로 해석할 수 있답니다.

He wanted to be… wild. (그는 자기 마음대로 하고 싶었어요.)
And then one day Mr. Tiger had a very wild idea. (그러던 어느 날 호랑이

씨는 아주 무모하고 대담한 생각을 했어요.)

Mr. Tiger became wilder and wilder each day. (호랑이 씨는 매일매일 더욱 자기 마음대로 하기 시작했어요. / 호랑이 씨는 점점 야생동물처럼 행동하기 시작했어요.)

If you must act wild, kindly do so in the WILDERNESS! (그렇게 함부로 할 거면, 야생지대로 가버려! / 그렇게 야생동물처럼 굴 거면, 야생지대로 가버려!)

So Mr. Tiger ran away into the wilderness where he went completely wild. (그래서 호랑이 씨는 야생지대로 가서 완벽한 야생동물이 되어버렸어요.)

이 책에서 가장 중요한 단어는 바로 'wild'인데요, "Mr. Tiger goes wild"라는 문장은 '호랑이 씨는 아주 거칠어졌다'라는 뜻과 '호랑이 씨는 야생으로 간다'라는 두 가지 의미를 내포하고 있지요. 제가 문장 해석을 두 가지로 해놓은 것은 두 경우 모두 해석 가능하다는 뜻이랍니다.

이 책을 읽은 후에 책 내용을 이해하는 데에 핵심이 되는 어휘인 wild에 대해 깊이 있게 알아보는 것은 어휘 학습에 아주 좋은 활동입니다. 한글로 '야생의, 자연 그대로의, 제멋대로 구는' 등의 뜻을 알려주어도 좋지만 엄마가 머리를 마구 헝클어놓고 "My hair is wild today."라고 말하거나 화초가 아무렇게나 자란 모습을 보면서 "This plant is wild."라고 말하며 wild의 뜻을 가볍게 알려주어도 좋습니다.

그리고 다양한 각도에서 wild라는 어휘를 배우는 활동을 할 수 있는데 이를 텍스트 토크(Text Talk)라고 합니다. 텍스트 토크는 공책에 단어의 정의와 동의어를 사전에서 찾아서 적고, 책에 있는 문장을 다시 한 번 쓰고, 아이에게 해당 단어가 들어간 문장을 하나 만들어보도록 유도하는 활동입니다. 아이가 원한다면 그림으로 단어를 표현해도 좋습니다. 처음에는 아이가 이런 활동을 낯설어할 수 있으므로 부모와 함께 하고, 점차 아이 혼자서 하도록 이끌어주세요. 정의는 구글에서 'wild definition for kids'를, 동의어는 'wild synonym'을 검색하면 됩니다. 공책 한 권을 마련해 한 페이지에 한 단어씩 적어서 채워나가면 나중에는 훌륭한 어휘 학습장이 된답니다.

〈Wild〉
- 정의: in an uncontrolled manner
- 동의어: free, natural, dense, rude, overgrown, untamed (자유로운, 자연스러운, 밀집한, 무례한, 제멋대로 자란, 길들여지지 않은)
- 책에 나온 문장: Mr. Tiger goes wild.
- 내가 만든 문장: _____.

* 함께 읽으면 좋아요!

개성과 다양성을 주제로 한 그림책
『I Like Me!』 글, 그림 Nancy Carlson
『A Color of His Own』 글, 그림 Leo Lionni
『Imogene's Antlers』 글, 그림 David Small

3단계
그림책
0 4

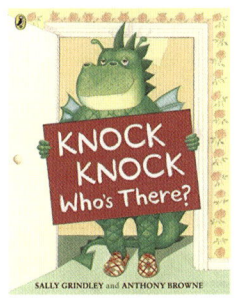

『KNOCK KNOCK WHO'S THERE?』
글 Sally Grindley, 그림 Anthony Browne

방문을 두드리는 귀여운 괴물들

- 렉사일: 없음 / GRL: 없음
- 주제: 두려움을 주는 존재, 문화적 다양성
- 사이트 워드: away, ball, no, let, full, there, who, then, very, tell
- 워드 스터디: 묵음(knock, ghost, knew), soft g(huge, magic, giant), hard g(great, gorilla, hug, frog, dragon), soft c(face, fierce), hard c(cook, cuddly, come)
- 어휘: wand(요술 지팡이), creepy(으스스한), spook(겁을 주다), scaly(비늘로 뒤덮인), tread(발로 밟다), cuddly(꼭 껴안고 싶은)

▶   앤서니 브라운이 그림 작가로 참여한 책으로, 할로윈데이에 읽기 딱 좋은 책입니다. 웃음 코드만큼이나 맞추기 힘든 공포 코드가 주제라 영미 문화에 대한 이해를 높이는 데에 좋은 책이기도 하지요. 영미 문화권에서는 아이들이 일찍부터 혼자 자는 경우가 많아서인지, 부모님이 나가면 벽장 속에서 유령, 괴물이 나와서 괴롭힌다는 공포 괴담이 있습니다. 이를 모티브로 〈몬스터 주식회사〉라는 애니메이션이 나오기도 했지요. 이 책 역시 벽장 속 괴물에 대한 이야기인데요, 괴물들이 생각보다 순진한 모습으로 등장한답니다.

소녀의 방에 누군가 노크를 합니다. "KNOCK KNOCK(똑똑)" "Who's there?(거기 누구예요?)" 소녀가 묻자 문이 열리고 고릴라, 마녀, 유령, 용, 거인이 차례로 나와서 방에 들어가도 될지 물어봅니다. 책에는 괴물이 자신을 묘사하는 부분(I'm __ with __.)과 소녀에게 무슨 짓을 할 것인지 말하는 부분(When you let me in, I'm going to __!), 소녀가 거절하는 부분(Then I WON'T let you in!)이 반복적으로 나옵니다.

I'm a great big GORILLA with fat furry arms and huge white teeth. When you let me in, I'm going to hug your breath away! (난 엄청 큰 고릴라야. 털이 많고 두터운 팔과 엄청 크고 하얀 이빨을 가지고 있지. 날 들여보내주면, 꼭 안아서 숨이 막히도록 해주지!)

Then I WON'T let you in! (그럼 난 절대로 널 내 방에 들이지 않을 거야.)

재미있는 장면도 있습니다. 우리는 귀신을 생각할 때 하얀 소복을 입고 검은 머리를 길게 늘어뜨리고 입가에 피를 흘리는 모습을 연상하지요. 그

리고 우리의 귀신은 갑자기, 아무 소리도 없이 나타납니다. 하지만 영미권의 귀신은 쇠사슬 소리와 함께 나타나요. 살아 생전 나쁜 짓을 많이 해서 지옥에서 쇠사슬에 묶여 있던 존재가 어떻게든 쇠사슬을 끊고 나를 찾아왔다는 의미입니다. 찰스 디킨스의 소설 『크리스마스 캐럴』에 유령이 등장하는 장면을 기억해보세요. 이때 유령은 스크루지 영감의 과거 동업자인데, 한밤중에 멀리서부터 들려오는 쇠사슬 끄는 소리가 유령이 다가오고 있다는 것을 알려주지요. 이 책에서는 "I'm a very creepy GHOST with a face as white as a sheet and chains that jangle and clank.(나는 아주 으스스한 유령이야. 얼굴은 종이처럼 하얗고 쇠사슬은 철컹거리지.)"라는 문장에서 자연스럽게 영미권의 유령에 대한 묘사를 볼 수 있습니다.

이 책에는 워드 스터디를 할 수 있는 어휘도 많습니다. 묵음이 포함된 knock, ghost 등의 단어는 물론이고, 알파벳 c가 e, i, y 앞에서 /k/소리 대신 /s/소리를 내는 soft c 규칙을 설명할 수 있는 단어로 face, fierce가 나옵니다. 마찬가지로 알파벳 g가 e, i, y 앞에서 /g/소리 대신 /dʒ/소리를 내는 soft g 규칙도 huge, magic, giant 같은 단어들로 배울 수 있습니다.

앤서니 브라운은 글과 잘 어울리면서도 자신의 특성이 살아 있는 그림을 그렸습니다. 책에 나오는 이불 속 여자아이 그림은 『Gorilla』에 나오는 인형의 이미지를 그대로 가져왔고, 아빠가 신고 있는 신발은 『The Shape Game』 등 다른 책에서도 여러 번 등장합니다. 이런 그림책 간의 이미지의 이동은 앤서니 브라운, 모 윌렘스, 에밀리 그래빗 등 다수의 책을 낸 유명 작가들이 독자들에게 소소한 즐거움과 유대감을 주기 위해 마련한 장치랍니다.

---

* 함께 읽으면 좋아요!

두려움을 주는 존재를 주제로 한 그림책
『**The Little Old Lady Who Was Not Afraid of Anything**』 글 Linda Williams, 그림 Megan Lloyd
『**Creepy Carrots!**』 글 Aaron Reynolds, 그림 Peter Brown

3단계
그림책
0 5

『ARE WE THERE YET?』
글, 그림 Dan Santat

어드벤처 영화 한 편을 본 듯한 그림책

- 렉사일: AD520L / GRL: I
- 주제: 여행, 판타지
- 사이트 워드: there, always, after, your, window, just, time, help, fly, soon
- 워드 스터디: 동음이의어
- 어휘: eternity(영원), feel sick(토할 것 같다), butt(엉덩이), savor(음미하다), twists and turns(심하게 꼬부라진 곡선들), sit back(등 대고 편히 앉다)

『The Adventures of Beekle』로 2015년 칼데콧 위너상을 수상한 댄 샌탯의 작품입니다. 최근 10년간 단독으로, 혹은 맥 바넷, 모 윌렘스, 애런 레이놀즈 등 쟁쟁한 작가들과의 협업으로 40권 이상의 책을 출간한 열정적인 작가입니다. 내면을 울리는 깊이 있는 내용, 뛰어난 상상력, 기발한 소재, 선이 굵고 시원한 그림 등이 그의 작품의 특징이라고 할 수 있지요.

　　멀리 사시는 할머니의 생신 잔치에 가기 위해 자동차 여행을 하는 가족 이야기가 과거와 미래를 넘나드는 멋진 판타지로 태어났습니다. 차 뒷좌석에 앉아 "Are we there yet?(아직 멀었어요?)"이라고 하며 지루해하는 아이가 주인공입니다. 똑같은 장면이 계속 펼쳐지는 바깥 풍경을 보고 있으니 시간이 정말 안 가는 것만 같아요. 어찌나 느린지 시간이 뒤로 갈 지경이지요. 그런데 정말 차 밖의 풍경이 과거로 회귀합니다. 갑자기 "Roar(으르렁)" 하는 소리에 정신을 차리고 보니 공룡 시대입니다. 빨리 도망가려고 급히 움직이다 보니 이번에는 미래로 와버렸네요. 아빠가 말합니다. "We'll be there soon.(곧 도착할 거야.)" 드디어 할머니 집에 도착했습니다! 아래위를 뒤집어서 읽는 파격적인 구성, 꿈과 현실이 환상적으로 버무려진 이야기가 감탄을 자아내는 작품입니다.

　　마지막 문장이 특히 마음을 울리네요. "But remember, there's no greater gift than the present.(잘 기억해, 현재보다 더한 선물은 없단다.)" 지금 현재에 충실하라는 평범한 말이 과거와 미래를 경험한 후의 현재(present)와 할머니의 생신 선물(present)을 들고 있는 그림과 어우러져 아주 재치 있는 문장

으로 재탄생했습니다.

이 그림책에는 동음이의어 활동을 하기에 적합한 단어들이 꽤 있습니다. 틀린 문장을 적어주고 맞게 고치도록 하면 되는데요, 예를 들면, 'Are we there yet?'이라는 문장을 'Are we their yet?'이라고 적어서 올바르게 고치도록 하는 것이지요.

But after the first **hour**, it can feel like an eternity. (hour-our) (한 시간이 지나자 마치 영원처럼 느리게 느껴졌어요.)

Are we **there** yet? (there-their) (아직 멀었어요?)

But what happens when your brain becomes **too** bored? (but-butt, too-to) (그런데 너무 지루해지면 무슨 일이 생길까?)

But it feels like it's **been** a million years. (been-bean) (그렇지만 마치 백 만 년의 시간이 흐른 것처럼 느껴져.)

This will help make time fly **by** quickly. (by-bye-buy) (이렇게 하면 시간이 좀 빨리 지나갈 거야.)

We're **not** there yet. (not-knot) (아직 도착 못했어.)

The **road** is full of twists and turns. (road-rode) (도로는 아주 구불구불하다.)

We're **here**! (here-hear) (도착했다!)

위 8개 문장으로 한 번 동음이의어 문제를 내보세요. 아마 5분도 안 걸려서 맞출 것입니다. 노력에 비해 아이가 금방 풀어서 허무할 수도 있지만, 문장을 여러 번 읽을 수 있게 해주기 때문에 학습적으로 도움이 많이 되는 활동입니다.

* 함께 읽으면 좋아요!

여행과 판타지를 주제로 한 그림책
『**The Adventures Of Beekle**』글, 그림 Dan Santat
『**How to Catch a Star**』글, 그림 Oliver Jeffers

3단계
그림책
06

『HI! FLY GUY』
글, 그림 Tedd Arnolds

파리는 애완동물이 될 수 있을까?

- 렉사일: 380L / GRL: I
- 주제: 애완동물, 우정
- 사이트 워드: fly, kitty, name, went, walk, boy, know, open, some, were
- 워드 스터디: 접미사 -est(tallest, smartest, cutest, heaviest)
- 어휘: slimy(끈적끈적한), jar(통), mad(엄청 화가 난), pest(해충), rescue(구출), shoo(저리 가)

▶   플라이 가이 시리즈의 첫 번째 이야기입니다. 플라이 가이 시리즈는 가이젤 아너상을 두 차례나 수상했지요. 그만큼 읽기 훈련을 하기에 좋은 시리즈입니다. 이 얼리 챕터북 시리즈는 버즈(Buzz)라는 소년과 그의 애완 파리 플라이 가이(Fly Guy)의 우정과 모험을 주제로 하고 있습니다. 초등 1학년부터 중학생까지 사실상 모든 연령의 아이들이 좋아하는 특별한 책으로, 유머와 반전이 잘 어우러진 정말 재미있는 시리즈입니다. 총 18권의 시리즈 도서가 있으며, 'Fly Guy Presents'라는 논픽션 시리즈도 9권 나와 있습니다.

『Hi! Fly Guy』는 버즈와 플라이 가이가 처음 만나서 우여곡절 끝에 주변으로부터 파리도 애완동물이 될 수 있다는 것을 인정받고 같이 살게 되기까지의 이야기를 다루고 있습니다. 애완동물을 찾던 버즈가 파리를 채집해서 집에 데려오는데, 버즈의 아빠는 파리가 애완동물이 아니라고 말합니다. "Flies can't be pets! They are pests!(파리는 애완동물이 될 수 없어! 해충이라고!)" 하지만 버즈는 포기하지 않아요. 왜냐하면 이 파리는 정말 똑똑한 파리거든요. 바로 버즈의 이름을 알 만큼 말이지요. "Buzz~~." 버즈가 윙윙거리는 소리를 뜻하는 것을 이용해서 아주 재미있는 스토리로 만들었습니다.

책을 읽기 전에 pest(해충)와 pet(애완동물)에 대해 간단히 이야기를 나누면서, pest로는 termite(흰개미), cockroach(바퀴벌레), bed bugs(침대진드기), mosquito(모기) 등이 있다는 것을 알려주면 좋겠지요.

책을 읽은 후에는 책 내용을 정리하고 요약하는 데에 도움이 되는 이야

기의 구성요소를 찾아보세요. 이 책은 3개의 챕터로 이루어져 있는데 각 챕터마다 등장인물, 사건이 벌어진 장소, 주요 사건이 다릅니다. 1장에서는 버즈가 플라이 가이를 잡는 과정, 2장에서는 플라이 가이를 집으로 데려온 버즈가 아빠로부터 플라이 가이의 목숨을 구하는 내용을 담고 있습니다. 3장에서는 애완동물쇼에서 우여곡절 끝에 플라이 가이가 상을 타고 둘의 우정이 시작되는 것으로 이야기가 마무리됩니다. 이렇게 이야기의 구성요소를 이용해서 내용을 요약하는 활동은 쓰기뿐만 아니라 말하기에도 도움이 되니, 책을 읽고 간단하게 그 구성요소에 대해 이야기하는 것을 꾸준히 연습하는 것이 좋습니다.

Chapter (장)	Characters (등장인물)	Setting (배경)	Important Event (주요 사건)
Chapter 1	Buzz, Fly Guy	Buzz's town	Buzz caught Fly Guy.
Chapter 2	Buzz, Fly Guy, mom, dad	in Buzz's house	Buzz saved Fly Guy from dad's fly swatter.
Chapter 3	Buzz, Fly Guy, judges	in the Amazing Pet Show	Fly Guy won an award and they became friends.

* 함께 읽으면 좋아요!

애완동물을 주제로 한 그림책

『Diary of a Wombat』 글 Jackie French, 그림 Bruce Whatley
『The Stray Dog』 글, 그림 Marc Simont
『Harry the Dirty Dog』 글 Gene Zion, 그림 Margaret Bloy Graham

3단계 그림책 07

『SUDDENLY!』
글, 그림 Colin McNaughton

아기 돼지 프레스톤과 늑대의 잘못된 만남

- 렉사일: 470L / GRL: J
- 주제: 문제 해결, 유머
- 사이트 워드: day, money, pig, street, funny, play, buy, went, walk, use
- 워드 스터디: 과거형 접미사(remembered, asked, dashed, decided, stopped, shoved, climbed, called, arrived, turned)
- 어휘: silly me(바보 같긴), dash out(급히 나오다), grocery money(시장 볼 돈), bully(다른 사람을 괴롭히는 사람), shove(밀치다)

어디로 튈지 모르는 예측불가 아기 돼지 프레스톤(Preston)과 아기 돼지를 잡아먹으려는 늑대의 수난에 관한 이야기입니다. 사랑스러운 돼지 프레스톤과 무서운데 불쌍한 늑대의 이야기가 현대판 아기 돼지 삼형제 또는 빨간 모자처럼 느껴집니다.

프레스톤은 학교를 마치고 집으로 가는 길입니다. 모서리를 돌면 바로 늑대의 입 안으로 들어갈 것 같은 순간, '갑자기(Suddenly)' 슈퍼에 들렸다 오라는 엄마의 말이 생각나요. 되돌아가는 프레스톤 뒤로 급습하려다 바닥에 넘어진 늑대가 보입니다. 이런 식으로 학교에 지갑을 두고 와서 되돌아가고, 앞문 대신 뒷문을 이용하고, 잔돈을 안 받아서 다시 가는 등 프레스톤의 엉뚱한 행동과 늑대의 수난이 이어집니다. 앞에서 소개한 책『Rosie's Walk』가 떠오르지요?

책을 읽으며 프레스톤이 혼잣말처럼 중얼거리는 부분이 말풍선으로 표현되어 있는 것도 눈여겨보고, "Suddenly!"라고 말할 때 감정을 꽉꽉 넣어서 크게 읽도록 유도하면 좋겠습니다.

이 책에서 재미있는 부분은 늑대가 입고 있는 옷이나 머리에 쓰고 있는 모자 등이 '미국'을 연상시킨다는 점인데요, 영국 그림책이라는 점을 고려했을 때 영국과 미국 간의 은근한 힘겨루기가 느껴지기도 합니다.

축구를 좋아하는 아기 돼지 프레스톤 이야기는 시리즈 도서 6권으로 나와 있으며, 영국에서 26부작 TV애니메이션 시리즈로 제작되기도 했습니다. 각각의 에피소드는 8분 분량인데, 초등 저학년 아이들이 좋아하는 다양한 내용을 쉽고 재미있게 풀어놓았으니 유튜브에서 찾아 아이와 시청해

보기 바랍니다.

　책을 읽은 후 내용을 요약하는 내용 이해 스킬 중 하나인 Somebody-Wanted-But-So-Then 표를 이용해서 말로 내용을 요약하고 글로 쓰는 활동을 해도 좋습니다. 보통 줄거리가 있고 등장인물의 성격이 명확한 책을 요약할 때 많이 사용되는 이해 스킬입니다. 아래의 표는 하나의 예시이니 아이와 같이 할 때는 아이 의견에 따라 다양한 문장으로 표현할 수 있습니다.

예1)

Somebody	Wanted	But	So	Then
The wolf	to eat Preston	suddenly Preston got around to do something else	he kept missing and falling flat on his face.	he was taken away on a stretcher.

예2)

Somebody	Wanted	But	So	Then
Preston	to go home after school	he had to go to the shops	he did the shopping.	his mom gave him an enormous cuddle.

* 함께 읽으면 좋아요!

프레스톤 시리즈 추천도서
『Preston's Goal!』 글, 그림 Colin McNaughton
『Oops!』 글, 그림 Colin McNaughton
『Boo!』 글, 그림 Colin McNaughton

3단계
그림책
08

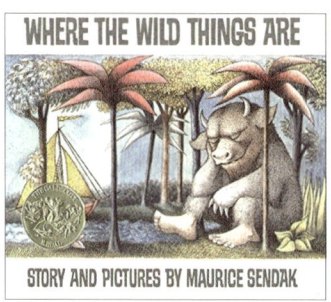

『WHERE THE WILD THINGS ARE』
글, 그림 Maurice Sendak

20세기 최고의 베스트셀러 그림책

- 렉사일: AD740L / GRL: J
- 주제: 상상, 모험
- 사이트 워드: boat, good-bye, please, call, off, kind, own, with, in, far
- 워드 스터디: 진행형 접미사 -ing (eating, staring, blinking, waiting)
- 어휘: wolf suit(늑대 변장옷), mischief(장난), very(바로 그), gnash(이를 갈다), claws(발톱), still(정지한), stare(노려보다), blink(눈을 깜빡이다), rumpus(소동), supper(저녁식사)

▶　　여러 기관의 그림책 추천도서 리스트에 빠지지 않고 오르는, 20세기 최고의 베스트셀러 그림책입니다. 엄마에게 "I'll eat you up!(널 잡아먹겠다!)"라고 말하는 장면 때문에 한때 어린이 도서 관계자들이 선정한 '주의해야 할 도서'에 오르기도 했습니다. 하지만 주인공 맥스가 현실과 판타지를 오가는 모험을 통해 결국 엄마와의 갈등을 풀어나가는 이야기와, 무섭다기보다 재미있게 느껴지는 괴물들의 모습이 아이들에게 큰 사랑을 받으면서 그림책의 고전으로 확실히 자리매김했습니다.

점점 그림이 커지다가 나중에는 글자 없이 그림만으로 페이지를 채우고 다시 그림이 작아지는 프레임 변화와 왼쪽에서 오른쪽, 다시 오른쪽에서 왼쪽으로 움직이는 맥스의 방향 변화가 어우러져 현실과 판타지를 오가는 맥스의 모험이 역동적으로 표현되었습니다.

책의 마지막 페이지에 집으로 돌아온 맥스가 미소를 짓고 있는데, 이는 악동 짓(Wild thing)을 실컷 했지만 결국 엄마의 사랑을 그리워하고 받아들이는 맥스의 모습을 보여줍니다. 앞으로 맥스는 이전만큼 'wild'하지 않고 좀 더 사회성을 갖춘 아이가 될 테지요.

이 책은 처음과 마지막 장면에서 얼마만큼의 시간이 흘렀는가를 두고 오랫동안 논란이 있었는데요, 음식이 식지 않았을 정도로 짧은 시간이라는 의견과 창 밖의 달 모양이 달라진 것으로 봐서 꽤 많은 시간이 흐른 것이라는 등 의견이 분분합니다. 혹시 글에서처럼 2년의 시간이 흐른 것은 아닐까요? 어쩐지 모리스 샌닥이 씩 웃으며 이 책을 읽는 우리를 내려다볼 것 같은 느낌이 드네요.

이 책에는 정말 개성이 강한 존재들이 많이 나오지요? 맥스와 괴물의 캐릭터를 분석해서 쓰기로 연결해보세요. 아래에 제시된 표현을 참고해서 아이가 스스로 새로운 표현을 만들어내도록 격려하고 기다려주면 좋겠습니다.

캐릭터를 분석할 때는 아이가 문장을 만들기 쉽도록 기본 동사를 미리 제시해주는 것이 좋습니다. 이를테면, Wild things are, Wild things have, Wild things can 문장을 미리 제시해서 아이가 어렵지 않게 문장을 만들도록 유도해보세요.

are	have	can
monsters scary ugly big wild terrible naked sleepy	yellow eyes sharp claws sharp teeth funny feet	roar gnash eat sleep yell

- 예1. Max is wild.

    Max is angry.

    Max is the king of the wild things.

    Max is hungry.

- 예2. Max has a wolf suit.

    Max has a boat.

* 함께 읽으면 좋아요!

상상과 모험을 주제로 한 그림책

『The Boy Who Wouldn't Go to Bed』 글, 그림 Helen Cooper
『In the Night Kitchen』 글, 그림 Maurice Sendak
『Through the Magic Mirror』 글, 그림 Anthony Browne

3단계
그림책
09

『THE CROCODILE WHO DIDN'T LIKE WATER』
글, 그림 Gemma Merino

멋지게 재탄생한 현대판 미운 오리 새끼

- 렉사일: AD480L / GRL: 없음
- 주제: 자아 성찰, 용
- 사이트 워드: brother, sister, water, because, cold, or, carry, ride, today, jump
- 워드 스터디: 축약형(didn't, couldn't, wasn't)
- 어휘: long(정말 원하다), swim ring(튜브), embarrassing(당황스러운), tickle(간질거리다), breathe fire(불을 뿜다)

▶   스페인 작가 젬마 마리노의 그림책입니다. 작가가 타이틀 페이지에 "And to all of those who still haven't found their hidden talents(아직 숨겨진 재능을 발견하지 못한 모든 이에게)"라고 밝혔듯이 미운 오리 새끼의 현대판이라고 해도 될 만큼 내용에 유사점이 많습니다.

수영하는 것을 좋아하는 형제 자매들 사이에서 혼자 물이 싫어서 쩔쩔매는 아기 악어. 아무리 애를 써도 수영을 좋아할 수 없는 아기 악어는 궁리 끝에 'tooth fairy(이빨 요정)'에게서 받은 돈을 모아서 튜브를 삽니다. 이빨 요정은 서구 문화권에 널리 알려진 옛이야기 속 존재입니다. 유치를 뺀 아이가 그 이를 베개 아래에 두고 자면, 한밤중에 이빨 요정이 와서 헌 이를 가져가고 동전 하나를 놓고 간다는 이야기이지요. 그림책 중에는 새로 뽑은 유치를 잃어버려서 속상해하는 아이, 동전 남겨두는 것을 깜빡한 어리숙한 이빨 요정 등 이를 소재로 한 그림책이 많습니다.

아기 악어는 드디어 물속에 들어갈 수 있다고 생각했지만, 튜브가 있어도 도저히 물과 친해질 수가 없습니다. 용기 내어 다이빙했지만, 결국 수영을 못해 구출되지요. 그러다 자꾸 코가 간질간질해서 재채기를 하는데, 입에서 그만 불이 훅 나옵니다. 이제야 자신이 악어가 아니라 드래곤이었음을 깨닫게 되지요.

이 책은 면지가 정말 재미있는데, 앞면지에는 빨간 부츠를 신고 하늘색 알이 가득한 바구니를 들고 가는 엄마 악어 그림이 있습니다. 자세히 보면 하늘색 알들 사이에 흰색 알이 하나 있어요. 아, 이 흰색 알이 바로 우리의 주인공 드래곤이군요! 면지에서부터 이야기가 시작되고 있다는 것을 알

수 있습니다. 뒷면지에는 수북한 알 옆에서 책을 읽고 있는 드래곤 그림이 나옵니다. 어쩐지 익숙한 빨간 부츠와 튜브를 보니 우리의 주인공 드래곤에게 아기가 생긴 것 같지요? 하얀 알들 사이에 끼인 하늘색 알과 드래곤이 읽고 있는 책 제목『THE DRAGON WHO DIDN'T Like FIRE(불을 싫어하는 용)』를 보니 아무래도 알이 또 바뀐 것 같습니다. 드래곤들 사이에서 자라고 있을 새끼 악어가 떠오르지요? 기발한 소재와 예상치 못했던 열린 결말에 저절로 탄성이 나오는 멋진 책입니다.

이 책에는 드라마틱한 소재를 다룬 내용답게 although, because, and, but, or, so 등 6개의 접속사가 18번에 걸쳐서 나옵니다. 책을 여러 번 읽으면서 자연스럽게 접속사의 의미를 아이가 알아가도록 유도하는 것이 좋습니다. 그 후 책에 나오는 접속사 부분을 작은 포스트잇으로 가린 후 아이에게 책을 읽게 합니다. 여러 차례 연습하면 아이가 접속사에 대해 더 잘 이해하게 된답니다.

* 함께 읽으면 좋아요!

 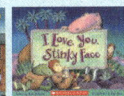

접속사에 대해 배울 수 있는 그림책
『What If...?』글, 그림 by Anthony Browne
『I Love You, Stinky Face』글 Lisa Mccourt, 그림 Cyd Moore
『Mama, Do You Love Me?』글 Barbara M. Joosse, 그림 Barbara Lavallee

3단계 그림책
10

『PETE'S A PIZZA』

글, 그림 William Steig

아이와 온몸으로 피자 놀이 한 판

- 렉사일: AD500L / GRL: K
- 주제: 피자, 유머
- 사이트 워드: our, made, bring, hot, say, their, time, paper, so, well
- 워드 스터디: 소유격 접미사 's와 축약형 's 구분하기
- 어휘: dough(반죽), whirled and twirled(휙휙 돌리는), talcum powder(땀띠분), draughts(게임에 사용하는 체커), giggle(낄낄거리고 웃다), get tickled(간지럼태움을 당하다)

영화 〈슈렉〉의 원작자이자 수많은 베스트셀러 그림책을 만든 윌리엄 스타이그의 따뜻하고 재미있는 그림책입니다. 유도적 읽기 단계에서 영어 말하기 연습을 할 수 있는 책으로 무엇이 있을까 고민하면서, 기왕이면 윌리엄 스타이그의 책을 소개하고 싶어 이 책을 골랐답니다. 아이들이 자지러지게 좋아하는 책이기도 하고요.

비가 와서 밖에 나가 공놀이를 못하게 된 피트를 위해 아빠는 피자 만들기 놀이를 시작합니다. 피트는 피자 반죽이 되고 아빠와 엄마는 Pizza Maker가 되었네요. 정말 피자를 만들듯이 이리저리 반죽(피트)을 주무르고 공중에 휙 돌리기도 합니다. 오일 대신 물을 뿌리고 치즈 대신 종이를 뿌리는 엄마 아빠의 모습에 '피자'는 웃지 않으려고 꾹 참습니다. 결국 간지럼을 못 참고 도망쳐버린 '피자'를 잡으러 아빠가 온 집 안을 뛰어다닌다는 사랑스러운 줄거리를 가진 책입니다.

책을 읽으며 소유격 접미사 's와 축약형 's를 잘 구분하고 아이에게 알려주는 것도 중요합니다. "Pete's father"은 피트의 아빠란 뜻으로 소유격 접미사이고, "Pete's a pizza"는 "Pete is a pizza"의 줄임말로 축약형이지요. 이 책에는 it's, can't, they're, doesn't 등 축약형 표현이 여러 번 나오니 바로 뒤에 소개하는 『I Don't Want to Be a Frog』처럼 축약형과 관련된 워드 스터디 활동을 해도 좋습니다.

책 속 표현 중에 피트의 아빠가 피트를 색다르게 부르는 장면도 한 번쯤 짚어주는 것이 좋습니다. "How about some pepperoni, Petey?(페퍼로니는 어때, 피티?)" 피트의 이름이 피티로 바뀌었지요? 영미권에서는 아이나 연인

AND STRETCHING IT
THIS WAY AND THAT.

NOW THE DOUGH GETS WHIRLED
AND TWIRLED UP IN THE AIR.

"ALL RIGHT," SAYS HIS FATHER, "NO TOMATOES, JUST
SOME CHEESE." (THE CHEESE IS PIECES OF PAPER.)

"HOW ABOUT SOME PEPPERONI, PETEY?"

에게 사랑을 듬뿍 담아 이름을 부를 때 이렇게 이름 끝을 -y, -ey, -ee, -ie 로 바꾸어 '-이'로 끝나도록 하는 경우가 많습니다.

책을 읽고 나면 아이들과 피자 놀이 한 판 거하게 하고 무슨 일이든 시작하는 것이 좋아요. 이 피자 만들기 놀이는 두 가지 버전이 있습니다. 아이를 피트처럼 테이블 위에 올려놓고 엄마나 아빠가 책 내용대로 말을 하거나, 엄마가 피트가 되어 바닥에 누워 있고 아이가 부모 역할을 하며 말을 하는 경우입니다. 어느 쪽이 되든지 아이가 엄청나게 좋아할 것입니다.

* 함께 읽으면 좋아요!

윌리엄 스타이그의 다른 그림책

『Sylvester and the Magic Pebble』 글, 그림 William Steig
『Shrek!』 글, 그림 William Steig
『Brave Irene』 글, 그림 William Steig
『The Amazing Bone』 글, 그림 William Steig

3단계
그림책
11

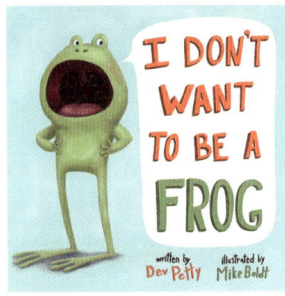

『I DON'T WANT TO BE A FROG』

글 Dev Petty, 그림 Mike Boldt

나 빼고 다 행복해 보인다면

- 렉사일: AD380L / GRL: K
- 주제: 개구리, 유머, 자아정체성 찾기
- 사이트 워드: because, head, may, never, one, then, too, well, why, would
- 워드 스터디: 축약형(don't, It's, can't, what's, you're, I'm)
- 어휘: curly tail(꼬부라진 꼬리), eat garbage(쓰레기를 먹어치우다), glum(침울한), gobble(꿀꺽 삼키다), badger(오소리)

▶ 이 책은 자기가 개구리인 것이 싫은 아기 개구리의 자아 찾기 그림책입니다. 아기 개구리는 엄마 개구리에게 말합니다. "I don't like being a Frog.(난 개구리가 되기 싫어.)" 개구리 말고 토끼나 고양이, 돼지처럼 귀엽고 따뜻한 동물이 되고 싶다고 말이지요. "What's wrong with being a Frog?(개구리가 되는 게 어때서 그래?)"라고 묻자 개구리는 축축하고, 끈적거리고, 벌레를 먹어서 싫다고 하네요. 얼토당토않은 아기 개구리의 말에 난감할 법도 한데, 엄마 개구리는 침착하게 다른 동물이 될 수 없는 이유를 설명해줍니다.

이때 흉측하고 무섭게 생긴 늑대가 나타나요. "I'm going to let you in on a little secret.(너에게 작은 비밀을 하나 알려줄게.)" 늑대가 알려준 비밀은 무엇일까요? 늑대는 자기가 토끼, 고양이, 돼지도 다 잘 먹는데, 개구리만 안 먹는다고 말합니다. 그 이유는, 개구리는 축축하고, 끈적거리고, 벌레를 먹어서!

그러자 아기 개구리가 늑대에게 하는 말이 정말 재미있습니다. "I guess you can't fight nature. We are what we are. You are a fierce hunter.(내 생각에 우리는 자연을 거역하지는 못할 것 같아. 우린 그냥 우리야. 너는 사나운 사냥꾼이지.)" 여태 다른 동물이 되고 싶다고 울부짖었던 아기 개구리의 깜찍한 변심에 독자는 그만 웃음을 터트리게 됩니다. 여기서 '불가능한 것에 고집을 부리다, 자연을 거역하다'라는 뜻을 가진 'fight nature'라는 표현도 참 재미있지요?

나 자신일 때 가장 행복하다는 주제를 이토록 유머러스하게 담아내다

니, 작가의 내공이 보통이 아닙니다. 유머와 반전 때문에 초등 저학년보다는 고학년 아이들이 더 잘 이해하고 재미있어하는 책이기도 합니다.

이 책의 글은 모두 대화로만 이루어져 있습니다. 책에 나오는 세 명의 등장인물은 개성이 뚜렷하고 목소리 변조도 쉬워 연극 대본처럼 읽기 연습을 하기에 정말 좋습니다. 아기 개구리는 귀엽지만 삐딱한 목소리로, 엄마 개구리는 잔잔하고 시니컬한 목소리로, 늑대는 거칠고 굵은 목소리로 읽어주세요. 이렇게 연극 대본을 보듯이 역할을 정해 책을 읽는 것을 '리더스 시어터(Reader's Theater)'라고 합니다. 이런 방식의 책 읽기는 재미있을 뿐만 아니라, 감정을 많이 넣어 읽어서 읽기의 유창성 향상에도 도움이 됩니다. 연습이 필요하기 때문에 여러 번 책을 읽을 수밖에 없어 영어 학습에도 도움이 많이 된답니다.

그리고 이 책에는 유달리 축약형 문장이 많이 나옵니다. "I don't want to be a frog.", "It's too wet.", "You can't be a cat."처럼 말이지요. 축약형을 아이에게 설명할 때는 "don't는 do not의 줄임말이야"라고 말해주면 됩니다. 축약형을 익히기 위해 A4종이를 활용하여 간단한 쓰기 활동을 해도 좋습니다. A4종이를 6등분하고, 앞면에 'do not'처럼 서로 떨어져 있는 두 단어를 적은 다음, 아이에게 뒷면에 'don't'라는 축약형을 적게 하는 활동입니다.

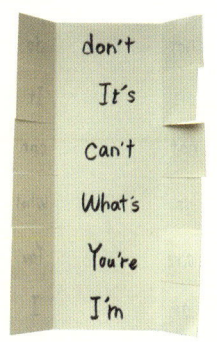

축약형 쓰기

---

* 함께 읽으면 좋아요!

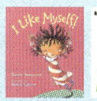

'나는 나!'를 주제로 한 그림책

『I Like Myself!』 글 Karen Beaumont, 그림 David Catrow
『Silly Suzy Goose』 글, 그림 Petr Horáček
『The Mixed-Up Chameleon』 글, 그림 Eric Carle

3단계
그림책
12

『MISTER SEAHORSE』
글, 그림 Eric Carle

알을 품은 아빠 물고기들

- 렉사일: AD470L / GRL: K
- 주제: 해마, 새끼를 돌보는 아빠 물고기
- 사이트 워드: must, by, our, baby, right, yes, try, egg, horse, time
- 워드 스터디: 복합어(seahorse, trumpet fish, stickleback, coral reef, lionfish, leaf fish, seaweed, stonefish, pipefish, bullhead, babysit)
- 어휘: drift(떠가다), wiggle and twist(꿈틀거리다), lay her eggs(알을 낳다), hatch(부화하다), patch of reeds(해초 한 무더기), coral reef(산호초), nod(고개를 끄덕이다), babysit(아기를 돌보다), tumble(떨어져 나오다)

▶　『Mister Seahorse』는 바닷속 생물에 대해 다루고 있는데, 살아남기 위해 위장하고 있는 물고기들과 알을 돌보는 아빠 물고기들에 대해 소개하고 있습니다. 저는 동물의 부성애에 대해서는 TV 등에서 자주 소개된 황제펭귄 정도만 알고 있었는데 이 책을 통해서 바닷속 물고기의 절절한 부성애에 대해 새롭게 알게 되었어요. 그리고 생존을 위해 주변 환경에 위장(Camouflage)해서 숨어 있는 여러 물고기를 아는 재미도 큰 책입니다. 에릭 칼은 원래 정보를 전달하는 그림책을 많이 만든 작가이니 아이와 과학 그림책을 읽는다는 마음으로 책 읽기에 들어가도 좋겠습니다.

줄거리를 살펴볼까요? 엄마 해마가 아빠 해마의 뱃속에 알을 낳습니다. 아빠 해마는 알들이 부화할 때까지 잘 돌보겠다고 약속하지요. 바닷속을 떠다니던 아빠 해마는 알을 돌보는 다른 아빠 물고기들을 만나게 됩니다. 동병상련인가요. 알을 품은 아빠들끼리 서로를 격려하는 모습에 어쩐지 마음이 찡하네요. 정보 그림책으로 읽으면 좋은 책이라고 소개했는데, 읽다 보니 정서적으로도 아름다운 그림책이라는 생각이 듭니다.

해마와 물고기가 서로 안부를 주고받을 때 "How are you?"에 대한 답으로 여러 가지 표현이 쓰이고 있어 눈에 띕니다. "Delighted.(정말 기쁘지요.)", "Perfectly fine.(너무너무 좋아요.)", "Couldn't be better.(바랄 나위 없이 좋지요.)", "Tip-top.(최고죠.)" 모두 다 최고로 좋다는 뜻입니다. 인사를 주고받는 데에 "Fine, thank you. And you?"만 있는 게 아니지요? 또, 아빠 해마가 다른 물고기들과 헤어지면서 격려하는 표현은 기억해두었다가 한 번쯤 아이에게 해주셔도 좋겠습니다. "Keep up the good work.(계속 수고하세요.)",

"You should feel proud of yourself.(스스로를 자랑스러워 하세요.)", "You are doing a fine job.(정말 잘하고 있네요.)"

책에는 trumpet fish, tilapia, lionfish, leaf fish, kurtus, stonefish 등 생소한 물고기 이름이 많이 나옵니다. 야채나 과일, 동물 등의 이름이 많이 들어간 그림책 중에서 이런 식으로 한글 번역이 없거나 거의 사용되지 않는 명칭이 나오는 경우는 영문명을 그대로 알려주면 됩니다.

낯선 어휘가 제법 나오지만, 문장 패턴이 비교적 단순하고, 투명 시트를 사용해서 숨어 있는 물고기를 찾아보는 등 중간중간 재미있는 페이지가 나와서 어렵지 않게 읽어낼 수 있답니다.

이 책에는 특히 복합어가 많이 나옵니다. 두 개의 단어가 모여 하나의 뜻을 지닌 새로운 단어가 될 때 이를 복합어(Compound Word)라고 합니다. 복합어는 기본적으로 단어의 길이가 길기 때문에 글 읽기를 배우는 아이들에게 부담을 주므로 별도로 익히는 것이 좋습니다. 또 합쳐져서 나오는 두 단어 중 하나를 알면 복합어를 배움으로써 몰랐던 단어 하나와 복합어 하나를 새로 알게 됩니다. 이런 식으로 새로운 정보를 이전의 정보와 결합해서 배우는 것은 어휘 학습에 큰 도움이 됩니다. 예를 들어, bullhead라는 복합어에서 'head'라는 단어만 미리 알고 있었다면, 메기처럼 머리가 큰 물고기를 뜻하는 bullhead를 배우면서 자연스럽게 황소를 뜻하는 bull이라는 단어도 알게 되는 식입니다.

책에 나오는 복합어의 형태를 살펴보면, seahorse처럼 붙어 있거나 leaf fish처럼 떨어져 있는 경우가 있네요. stickleback은 책에 따라서 하이픈이 붙어서 stickle-back이라고 적기도 합니다.

---

* 함께 읽으면 좋아요!

물고기를 주제로 한 그림책
『The Rainbow Fish』 글, 그림 Marcus Pfister
『Bill and Pete』 글, 그림 Tomie dePaola
『Fish is Fish』 글, 그림 Leo Lionni

3단계
그림책
13

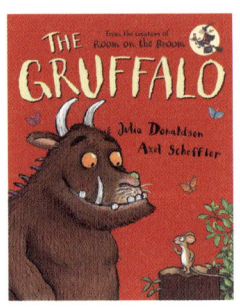

『THE GRUFFALO』
글 Julia Donaldson, 그림 Axel Scheffler

늑대를 대신할 새로운 괴물의 등장

- 렉사일: AD510L / GRL: L
- 주제: 신체, 괴물, 문제 해결
- 사이트 워드: help, good, over, some, these, back, bread, wind, of, know
- 워드 스터디: 복합어(underground, treetop, turned-out, logpile)
- 어휘: jaws(턱), knobbly(울퉁불퉁한), turned-out(뒤집어진), wart(사마귀), logpile(통나무가 쌓여 있는), have a feast(축제를 벌이다), crumbs(아이쿠 저런), astounding(믿기 어려운), flee(도망가다)

▶   1999년 영국에서 출간된 후 진 세계적으로 널리 알려져 현대판 고전이 된 그림책입니다. 이 책의 그림 작가인 악셀 셰플러는 한 인터뷰에서, 무서운 괴물이지만 무섭지 않게 그려달라는 줄리아 도널드슨의 요구에 맞춰 그라팔로(Gruffalo)를 탄생시켰다고 합니다.

전래동화의 기본 요소를 골고루 갖추고 있어 유치 단계부터 초등 고학년까지 모든 연령이 즐길 수 있다는 것이 이 책의 가장 큰 특징입니다. 이 책의 속편으로 『The Gruffalo's Child』와 『Stick Man』이 있는데, 이 세 권의 시리즈 도서는 모두 2009년부터 2016년까지 단편 영화로 제작되었습니다. 『The Gruffalo』를 읽은 후에 다른 시리즈 도서와 영화를 감상해보세요.

이 책은 숲속을 산책하던 생쥐가 여우를 만나면서 시작됩니다. 맛있어 보이는 생쥐를 보고 "Grrrr"라고 말하며 침을 흘리는 여우. 하지만 주인공 생쥐는 위기 상황에서 '그라팔로'라는 무서운 괴물을 만들어냅니다. 그러고는 그라팔로가 곧 여기로 올 텐데, 가장 좋아하는 음식이 여우라고 지어내지요. 여우는 그 소리에 놀라 도망갑니다. 연이어 올빼미와 뱀을 만나지만 무서운 그라팔로와 여기서 만나기로 했다고 말하니 동물들은 알아서 도망갑니다. 다른 동물들의 어리석음을 비웃으며 길을 가던 생쥐는 자신이 상상했던 괴물 그라팔로와 숲 한가운데에서 딱 마주치게 됩니다.

위기 상황에서 기지를 발휘하고 위험에서 벗어나는 생쥐의 모습은 이솝 우화 속 주인공 같아요. 이 책이 현대판 전래동화라고 불리는 이유는 전래동화의 전형적 요소가 포함되어 있기 때문입니다. 숫자 3의 법칙이 세 마

리 동물로 표현된 부분, 어려운 상황에서도 정신을 차리면 된다는 교훈, 괴물을 무찌르는 작은 영웅이 주인공인 점, 해피엔딩으로 끝나는 줄거리 등이 그렇습니다.

글의 분량이 제법 많지만, 반복되고 있는 문장이 있어서 어렵지는 않습니다. 여기에서도 라임이 맞는 단어들을 볼 수 있는데요, 리듬감 있는 문장과 라임 때문에 책을 소리 내어 읽으면 시를 읽는 것처럼 아름다운 소리로 표현이 됩니다.

책을 읽은 후 『The Gruffalo』 속 등장인물을 비교하는 표를 그려보세요. 별다른 준비 없이 손으로 쓱쓱 그려서 표를 만들고 아이와 빈칸을 채우면 됩니다. 아래는 모범 답안인데, 사실 책에 다 나와 있는 내용이라 아이의 생각이 개입될 여지가 적습니다. 되도록 아이가 책에서 해당 부분을 찾아서 적도록 유도해주세요.

	Fox	Owl	Snake	Gruffalo
Where are their houses?	In its underground house	in its treetop house	in its logpile house	in the deep dark wood
What do they like to do with the mouse?	have lunch	have tea	have a feast	eat on a slice of bread
How do they flee?	sped away	flew away	slid away	turned and fled
What is their greatest fear?	being roasted fox	being owl ice cream	being scrambled snake	being gruffalo crumble

* 함께 읽으면 좋아요!

줄리아 도널드슨의 다른 그림책

『The Gruffalo's Child』 글 Julia Donaldson, 그림 Axel Scheffler
『Stick Man』 글 Julia Donaldson, 그림 Axel Scheffler
『Room on the Broom』 글 Julia Donaldson, 그림 Axel Scheffler

영화가 된 줄리아 도널드슨의 책

줄리아 도널드슨의 그림책 중 4권이 BBC에서 단편 영화로 제작되었습니다. 그림책에 대한 깊은 이해를 바탕으로 원작을 손상시키지 않을 만큼의 상상력과 시각적 이미지를 추가한 점이 인상적입니다. 유튜브에서 단편적으로 장면을 볼 수 있고, DVD는 온라인 서점에서 구매할 수 있습니다.

The Gruffalo (2009년, 27분)

영국과 독일 합작으로 TV용 영화로 제작된 단편 영화. 세계 여러 영화제에서 단편 영화 부문 후보에 오르거나 수상을 한, 작품성이 뛰어난 영화입니다.

The Gruffalo's Child (2011년, 30분)

『The Gruffalo』의 후속작인 그림책 『The Gruffalo's Child』의 내용을 충실하게 따르고 있는 단편 영화. 작품성이 뛰어나 전문가들로부터 호평을 받았습니다.

Room on the Broom (2012년, 27분)

BBC에서 2012년 크리스마스를 기념해서 만든 단편 영화. 원작을 27분 짜리 영화로 그대로 옮겼습니다. 2014년 아카데미 단편 애니메이션 부문 작품상 후보로 올랐습니다.

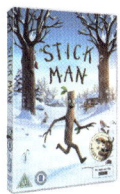
Stick Man (2016년, 27분)

BBC에서 2016년 크리스마스를 기념해서 만든 단편 영화. 『The Gruffalo's Child』에 나오는 장난감 인형 'Stick man'에서 모티브를 가져와서 이야기를 만들었습니다.

3단계
그림책
14

『NIGHT MONKEY DAY MONKEY』
글 Julia Donaldson, 그림 Lucy Richards

유쾌하게 배우는 동의어와 반의어

- 렉사일: AD550L / GRL: 없음
- 주제: 원숭이, 라임, 야행성과 주행성 동물
- 사이트 워드: me, may, about, light, only, take, sleep, why, night, tree
- 워드 스터디: 반의어, 동의어
- 어휘: clamber(기어오르다), bark(나무 껍질), cross(짜증난), blink(깜빡이다), daft(바보 같은), firefly(반딧불이), saw(톱질하다), yawn(하품하다), screw(찡그리다), disguise(변장), screech(꽥 소리를 내다)

▶ 『The Gruffalo』의 작가 줄리아 도널드슨의 그림책입니다. 줄리아 도널드슨은 어떤 그림 작가와 작업하느냐에 따라 상당히 다른 느낌의 그림책을 내놓는 작가입니다. 그녀는 그동안 악셀 셰플러, 닉 샤렛, 리디아 몽크스, 에밀리 그래빗 등 영국의 여러 그림 작가와 함께 그림책 작업을 했습니다. 어떤 그림 작가와 함께하더라도 그녀의 그림책은 라임이 딱딱 떨어지고 두운을 맞춘 표현이 많은, 시어와 같은 글의 개성이 그대로 살아 있다는 점에서 특별합니다.

이 책은 밤 원숭이와 낮 원숭이가 만나서 각자 다른 세상을 구경하는 것을 기본 줄거리로 하고 있습니다. 한밤중에 밤 원숭이 때문에 낮 원숭이가 잠에서 깹니다. 밤에는 개구리 소리와 박쥐떼, 반딧불이 등 시끄럽고 무섭고 낯선 것들로 가득합니다. 하룻밤이 지나고 아침이 밝아오자 이번에는 낮 원숭이가 밤 원숭이를 깨워서 데리고 다닙니다. 화장을 한 나방은 사실 나비이고, 계속 따라다니는 검정 원숭이는 그림자이고, 나무 위의 거인은 침팬지네요. 밤 원숭이는 낮이 너무 낯설다고 투덜거리고, 낮 원숭이는 밤이야말로 그렇다고 말하지요.

하지만 해가 막 떠오르는, 낮도 밤도 아닌 시간에 만나서 바나나를 나눠 먹으며 서로의 다름을 알고 우정을 나눕니다. 줄리아 도널드슨 특유의 라임이 딱 맞아떨어지는 글을 읽으며 두 원숭이의 모험을 따라다니다 보면 아름다운 그림과 뛰어난 상상력, 의외의 웃음까지 모두 맛볼 수 있습니다.

낮 원숭이와 밤 원숭이가 나오는 책이라 제목부터 반대말이 들어가 있지요? 책에 나오는 짝을 이루는 반의어와 동의어의 리스트는 다음과 같습

니다.

- 반의어 : night-day, sleep-wake up, dark-bright, whisper-screech, wrong-right, complain-laugh
- 동의어 : creepy-crazy, wink-blink-flash

이렇게 짝이 맞는 어휘들 말고도 cross, daft처럼 중요한 어휘들은 확장해서 배워도 좋습니다.

- **cross 동의어** : annoyed, angry, upset, displeased(짜증이 난, 기분이 나쁜)
- **cross 반의어** : pleased, happy(기쁜, 행복한)
- **daft 동의어** : foolish, absurd, silly(바보 같은, 어리석은)
- **daft 반의어** : smart, clever, wise, sensible(똑똑한, 영리한)

좀 더 재미있게 어휘 학습을 하기 위해 약간의 도구를 사용해도 좋습니다. 아래 그림은 나무 막대에 단어를 쓰고 짝을 찾는 활동인데 그냥 종이에 쓰는 것보다 이런 도구 위에 단어를 써보라고 하면 아이들이 공부하는 줄 모르고 잘 쓰기도 합니다. 나무 막대는 문구점에서 쉽게 구할 수 있습니다. 어휘를 다 적고 나면 뒤섞은 다음 반대말끼리 짝을 짓는 활동을 하면 됩니다. 나무 막대 말고 색깔이 다른 종이를 두 뭉치 준비해서 각각 짝이 되도록 반대말을 적고 짝을 찾게 해도 좋습니다.

반대말 적기

---

* 함께 읽으면 좋아요!

야행성 동물, 밤을 주제로 한 그림책
『Night Animals』 글, 그림 Gianna Marino
『Owl Babies』 글 Martin Waddell, 그림 Patrick Benson

3단계
그림책
15

『INTERRUPTING CHICKEN』

글, 그림 David Ezra Stein

잠자리 동화가 끝없이 필요한 아기 닭 이야기

- 렉사일: AD510L / GRL: L
- 주제: 전래동화, 유머
- 사이트 워드: jump, little, read, said, you, what, wish, chicken, house, milk
- 워드 스터디: 복수형 접미사 's' (stories, strangers, favorites)
- 어휘: interrupt(방해하다), nibble(한 입), relax(편히 쉬다), path(길), skip(깡충거리며 뛰다), mean(못된), be about to(~을 하려고 하다), stranger(낯선 사람), panic(공포에 빠지다)

2011년 칼데콧 아너상 수상작으로, 잠자리 동화를 읽어주는 아빠와 이야기 중간에 끼어드는(Interrupt) 것을 참을 수 없는 아기 닭의 이야기입니다. 아빠는 아기 닭을 침대에 눕히고 〈헨젤과 그레텔〉을 읽어줍니다. 그런데 헨젤과 그레텔이 진저브레드 하우스(Gingerbread House)에 들어가려는 순간, 아기 닭이 끼어들어서 "DON'T GO IN! SHE'S A WITCH!(들어가면 안 돼! 저 여자는 마녀야!)"라고 말하면서 이야기를 강제 종료시킵니다. "So Hansel and Gretel didn't. THE END!(그래서 헨젤과 그레텔은 안 들어갔대요. 끝!)" 아기 닭은 마녀한테 고통당할 헨젤과 그레텔이 불쌍해서 참을 수가 없었거든요.

〈빨간 모자〉이야기를 읽을 때도 빨간 모자가 늑대에게 답을 하려 하자 아기 닭이 나섭니다. "DON'T TALK TO STRANGERS!(낯선 사람이랑 이야기하면 안 돼!)" "So Little Red Riding Hood didn't. THE END!(그래서 빨간 모자는 낯선 사람과 이야기하지 않았어요. 끝!)"

동화가 갑자기 끝나버려서 할 말을 잃은 아빠. 그런데 이런 일이 한두 번이 아니었나 봅니다. 잠자리 동화를 읽어주기 전에, 아빠가 이런 말을 했거든요. "I'll read one of your favorites. And of course you are not going to interrupt the story tonight, are you?(네가 좋아하는 이야기 중 하나를 읽어줄게. 물론 오늘밤에는 이야기를 방해하지 않겠지, 그렇지?)"

아기 닭은 아빠에게 다시는 이야기를 방해하지 않겠다고 약속하지만 이야기가 본격적으로 시작되려는 순간마다 번번히 끼어들어 강제 종료시켜 버립니다. 결국 읽을 이야기가 다 떨어진 졸리고 불쌍한 아빠와 이야기 없이는 잠을 잘 수 없는 초롱초롱한 아기 닭은 이 딜레마를 어떻게 해결할까요?

여기서 아빠가 말하는 "We are out of stories."라는 표현도 재미있습니다. '읽을거리가 동났다'라는 뜻인데 'out of'를 이런 식으로 사용하는 것이 아주 신선하네요. 이 표현은 out of gas(가스가 떨어지다), out of breath(숨이 차다), out of order(고장 나다), out of control(통제에서 벗어나다) 등의 표현과 연계해서 배워도 좋습니다. 구세대인 저는 메릴 스트립과 로버트 레드포드의 〈Out of Africa〉(1985년)라는 영화가 생각나기도 하네요.

이 그림책을 읽고 나면 〈인어공주〉, 〈신데렐라〉, 〈아기 돼지 삼형제〉 등 전래동화를 강제 종료시킬 방법이 마구 떠오릅니다. 독후 활동으로는 『Interrupting Chicken』 속 이야기 3개와 아이가 원하는 이야기를 골라서 내용을 재구성해보는 쓰기 활동을 추천합니다. 아이가 쓰는 것을 힘들어한다면 아래의 문구를 부모가 읽고, 아이가 중간에 끼어들어 이야기를 종료시키는 한 문장을 말하도록 합니다.

Seven Little Goats

An old mother goat lived with seven little goats. One day she said "I need to go out to get some food. Stay inside the house, and don't open the door to anybody!" The mother goat left. But before long, there was a loud knock on the door. "Open the door, my dear little children, It is your mother," said the voice. The seven little goats were about to open the door when…

The Three Pigs

Three little pigs waved "goodbye" to their mother and went out into the world. On the way they met a farmer carrying some bales of straw. The first pig asked "Please, sir, may I have some of your straw so that I may build myself a house?". The kind farmer was about to answer that when...

Ugly Duckling

One hot summer's day a mother duck's eggs began to crack and hatch. But one of the ducklings was different. Nobody wanted to play with him. "I am so ugly! That's why no one likes me," the duckling thought when...

* 함께 읽으면 좋아요!

현대판 전래동화 그림책
『Prince Cinders』 글, 그림 Babette Cole
『Goldilocks and the Three Dinosaurs』 글, 그림 Mo Willems
『The Three Pigs』 글, 그림 David Wiesner

다독을 위한
리더스와 챕터북 리스트

　유도적 읽기 단계는 정독과 다독을 함께 해야 하는 시기입니다. 앞에서 소개한 15권의 그림책은 정독을 위해 소개한 책들로, 다독을 위해서는 리더스와 챕터북을 함께 읽어야 합니다. 리더스와 챕터북 역시 무작정 비싼 전집을 한꺼번에 들이기보다는 아이의 수준에 맞는 책을 고르는 것이 좋습니다.

　앞에서 렉사일 지수와 AR 지수, GRL 지수에 대해 설명을 드렸듯이, 요즘은 책마다 독서능력 지수를 정확히 표기하고 있습니다. 그렇다면 이제 우리 아이의 읽기 수준을 알아야 할 텐데요, 아이의 렉사일 지수를 아는 것이 제일 좋겠지만 기관이 아닌 개인이 테스트를 받는 것이 쉽지 않습니다. 그래서 무료로 간단하게 레벨 테스트를 받을 수 있는 사이트를 소개해드리겠습니다. 맥밀란(Macmillan Readers Level Test)이나 옥스퍼드(Oxford Bookworms and Dominoes Level Tests)에서 무료로 리딩 레벨 테스트를 받을 수 있습니다. 사이트 주소는 구글 검색으로 쉽게 찾을 수 있으며, 수준은 Starter, Beginner, Elementary, Pre-Intermediate, Intermediate, Upper Intermediate로 나누어져 있습니다. 아래 표를 보면서 각 레벨의 수준과 그에 맞는 교재를 살펴보기 바랍니다.

아직 아이의 읽기 수준이 높지 않다면 테스트를 거치기보다는 시중에 나와 있는 리더스를 중심으로 차근차근 읽어 올라가는 것도 좋습니다. 이

리딩 레벨에 따른 리더스와 챕터북 추천 리스트

영국문화원 레벨	렉사일	GRL	리더스 / 챕터북
LEVEL 1 (Beginner)			옥스퍼드 리딩 트리 1-5, 리드 잇 유어셀프 1-2, 아이 캔 리드 1, 스텝 인투 리딩 1-2, 비스킷 리더스(F), 엘리펀트 앤 피기(G),
LEVEL 2 (Elementary)	230~340L	H~J	옥스퍼드 리딩 트리 5-7, 플라이 가이(I), 머시 왓슨(K), 네이트 더 그레이트(K), 아이 캔 리드 2, 스텝 인투 리딩 3-4
LEVEL 3 (Pre-Intermediate)	425L~715L	L~Q	옥스퍼드 리딩 트리 8-12, 아이 캔 리드 2-4, 스텝 인투 리딩 4-5, 주디 무디(L), 매직 트리 하우스(M), 아이비 앤 빈(M), 잭 파일(N)
LEVEL 4 (Intermediate)	588~860L	O~T	미세스 피글위글(O), 클레멘타인(P), 샬롯의 거미줄(R)
LEVEL 5 (Upper Intermediate)	598~993L	P~W	로알드 달 책(Q+), 윔피키드(T), 해리포터(V-Z)

때 쉽게 사용되는 것이 파이브 핑거 룰(Five Finger Rule)인데, 한 페이지를 읽으며 모르는 단어를 손가락으로 꼽아보게 해보세요. 모르는 단어가 0~1개이면 좀 쉽고, 2~3개이면 딱 맞고, 4개가 넘으면 다른 책을 골라야 합니다.

엄마와 함께 읽으며 모르는 어휘를 따로 배우고 쓰기를 연습하는 책이라면 아이의 수준보다 약간 높아도 괜찮지만, 아이가 혼자 읽을 경우에는 책의 수준이 아이의 수준과 같거나 낮은 것이 좋습니다. 물론 그림책은 그림의 도움을 얼마만큼 받을 수 있느냐에 따라 모르는 어휘가 제법 많아도 어렵지 않게 읽어내기도 합니다. 반대로 챕터북은 그림이라는 변수가 없기 때문에 책의 수준을 명확하게 정할 수 있습니다.

파이브 핑거 룰보다 더 정확하고 객관적인 기준도 있습니다. 세계적인 언어학자 폴 네이션(Paul Nation) 교수는 이해 가능한 입력이 되는 기준을 "전체 어휘의 98퍼센트를 알 때"라고 말했고, 많은 연구 논문들도 96퍼센트 이상의 어휘를 아는 경우를 이해 가능한 입력의 기준으로 삼고 있습니다.

한편, 다독 분야에서 세계적인 명성을 지닌 학자 리처드 데이(Richard Day)와 줄리언 뱀포드(Julian Bamford) 역시 픽션의 경우, 전체 단어 중 98퍼센트를 알고 있을 때, 독자가 편안한 속도로 글을 읽어나갈 수 있다고 했습니다. 이들은 영어가 모국어가 아닌 학습자를 위해 '다독에 관한 10가지 원칙'을 제시했는데, 다음과 같습니다.

다독의 10가지 원칙

1. 읽는 자료가 쉬워야 한다. 쉬운 책은 속도감 있게 읽을 수 있고, 이는 내용을 이해하는 데에 도움이 된다.
2. 다양한 읽기 자료를 접해야 한다. 픽션, 논픽션, 잡지, 신문 등을 읽으며 읽는 목적에 따라 다양한 내용 이해 스킬을 사용할 수 있어야 한다.
3. 읽고 싶은 것을 읽는다. 내용이 흥미로워야 더 잘 이해하고, 더 많이 읽을 수 있다.
4. 최대한 많이 읽는다.
5. 읽기의 목적은 즐거움, 정보 습득, 내용 이해에 있다.
6. 읽기 그 자체가 즐거움이 된다.
7. 일정 수준의 읽기 속도를 유지한다.
8. 읽기는 혼자서 조용히 한다.
9. 부모는 읽을 수 있는 상황을 조성하고, 방향을 제시한다. 아이의 읽기 수준에 맞는 도서를 선택한다.
10. 부모는 롤모델이 되어야 한다. 아이가 책을 읽을 때 가르치려 하지 말고, 아이가 읽은 내용을 같이 읽어 책 읽기의 즐거움을 공유한다.

영어 그림 사전 고르는 법

　외국어로 영어를 배우는 우리 아이들은 자연스럽게 습득하는 원어민과는 달리 어휘를 익히기 위해 따로 시간을 들여 어휘 학습을 해야만 합니다. 기본적인 어휘를 단기간에 익히기 위해서는 함께 읽기 단계나 유도적 읽기 단계에서 영어 그림 사전을 활용하는 것이 도움이 됩니다. 어휘는 크게 never, she, yet, any 등 문장 안에서 그 의미가 전달되는 기능어와 mouse, water, chair 등 그 자체로 뜻이 명확한 내용어로 나누어볼 수 있는데, 영어 그림 사전은 후자를 익힐 때 상당히 유용합니다.

　영어 그림 사전은 기본적으로 알파벳 순서대로 나열하는 사전이 있고, 또는 주제별로 어휘를 제시하는 사전이 있습니다. 알파벳 사전의 경우에는 기본 어휘를 차근차근 배우는 데 초점을 맞추면 됩니다. 처음부터 쭉 읽어나간다면 파닉스 규칙을 이해하는 데에도 도움이 되지요. 주제별 사전의 경우에는, 영어 그림책과 함께 활용하기 좋습니다. 주제별 사전은 대체로 색깔, 교통기관, 날씨, 의복, 곤충, 동물 등의 주제로 연관 단어들을 모아서 제시하는데, 영어 그림책을 읽으면서 사전에서 같은 주제가 나온 파트를 찾아 함께 공부하는 방식으로 활용할 수 있습니다.

사전을 고를 때는 얼마나 많은 어휘가 소개되는지보다는 어떤 목적으로 사전을 사려고 하는지 고민한 후에 적절한 사전을 골라 영어 학습에 활용하는 편이 좋습니다. 어휘수가 더 이상 중요하지 않은 이유는 예전과는 달리 인터넷에서 동의어, 반대말, 다양한 예문, 영영사전식 풀이 등의 방대한 지식을 손쉽게 접할 수 있기 때문입니다.

유치/초등 아이들을 대상으로 한 사전을 고를 때는 워크북, 오디오 CD, 세이펜의 유무를 살펴서 고르는 것이 좋습니다. 유치원생이라면 세이펜이 있는 사전을 선호할 수 있고, 초등학생이라면 학습에 초점을 맞추어 워크북이 있는 구성을 추천합니다.

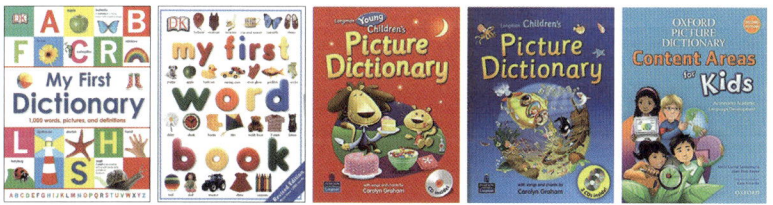

DK My First Dictionary(1,000단어, 세이펜 적용, 알파벳 순서, 유치)
DK My First Word Book(1,000단어, 세이펜 적용, 주제별 분류, 유치)

Longman Young Children's Picture Dictionary (270단어, 주제별 분류, 워크북, 유치)

Longman Children's Picture Dictionary (800단어, 주제별 분류, 워크북 두 종류, 초등)

Oxford Picture Dictionary Content Areas for Kids (1,000단어, 주제별 분류, 워크북, 초등)

또한, 과학, 수학, 라임, 파닉스, 이디엄, 동사 등 특정 분야에 초점을 맞춘 사전들을 적절히 활용해보는것도 어휘 학습에 도움이 됩니다. 현재 온라인에서 구매할 수 있고, 한국 아이들에게 너무 어렵지 않은 수준의 사전들 중에서는 아래의 책들을 추천합니다.

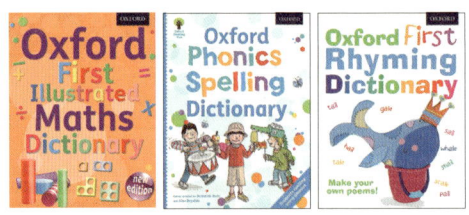

Oxford First Illustrated Maths Dictionary (수학)
Oxford Phonics Spelling Dictionary (파닉스)
Oxford First Rhyming Dictionary (라임)

아이가 평소에 그림책이나 영상에서 자주 만나서 좋아하던 캐릭터가 주인공인 사전들도 있습니다. Caillou, The Cat in the Hat, Disney, Curious George 등이 그런 경우이지요.

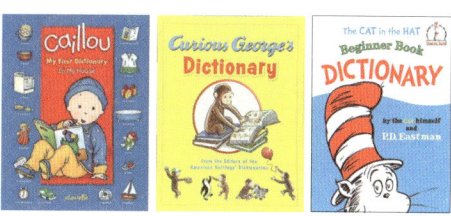

Caillou My First Dictionary: In My House (주제별 분류, 유아/유치)
Curious George's Dictionary (600단어, 알파벳 순서, 유치/초등)
The Cat in the Hat Beginner Book Dictionary (1,350단어, 알파벳 순서, 유치/초등)

어휘수가 절대적이지는 않지만, 1,000단어를 기준으로 유치/초등 단계와 초등 단계로 나눌 수 있습니다. 1,500단어 이상 그림 사전은 참고용으로만 활용하길 바랍니다. 통째로 외우는 것은 초등 고학년들도 소화하기 버거워하거든요.

추천하고 싶은 사전으로는 800단어 수준의 『Longman Children's Picture Dictionary』가 있습니다. 우선, 이 사전은 재미있습니다. 50개의 주제로 이루어져 있는데 매 주제를 숨은 그림 찾기 형식으로 소개하고 있어 아이들이 무척 좋아한답니다. 그림도 3D 애니메이션, 실사, 카툰, 수채화 등 다양한 느낌의 이미지를 사용해서 지루하지 않게 즐길 수 있고요. 또한, 풀기에 부담스럽지 않고 학습에 도움이 되는 워크북이 2단계로 나와 있습니다. 처음 사전을 볼 때 〈워크북 1〉을 풀고, 사전을 한 번 더 볼 때 조금 더 수준이 높은 〈워크북 2〉를 푸는 방식으로 활용할 수 있습니다. 책에 딸려 있는 오디오 CD에는 주제별로 부를 수 있는 노래 혹은 챈트가 포함되어 있는데, 흘려 듣기가 아까울 만큼 퀄리티가 좋습니다.

영어 그림 사전 중에서 『Disney Picture Dictionary』와 『The Sesame Street Dictionary』도 많이 알려져 있습니다만, 『Disney Picture Dictionary』는 온라인에서 구매가 안 되어서 따로 추천하지 않았고, 『The Sesame Street Dictionary』의 경우에는 유치원 아이들이 보는 사전임에도 한국 아이들에게는 어렵다고 판단되어 제외하였습니다.

한가지 더 팁을 드리자면, 사전은 아니지만 로알드 달 작품과 『해리포터』, 『트와일라잇』, 『샬롯의 거미줄』, 『프린들(Frindle)』, 『쇼퍼홀릭(Shopaholic)』 등 특정 원서만을 위한 '원서 읽는 단어장' 시리즈도 상당히 유용합니다. 어휘와 예문, 문제 풀이까지 포함된 한국식 단어장인데, 해리포터 마니아인 저로서는 이런 책이 그저 감사할 따름입니다.

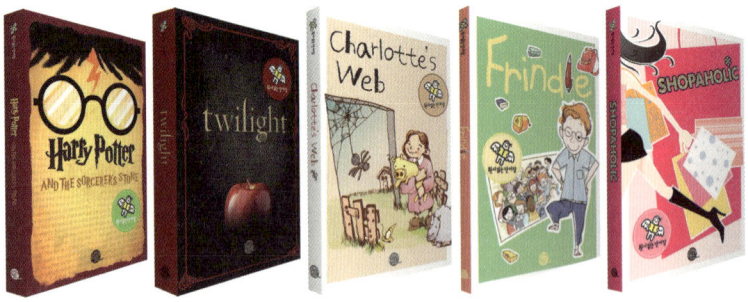

원서 읽는 단어장 시리즈

영어 동영상과 DVD, 어떻게 활용할까?

영어 영상 자료를 어느 시기에 얼마만큼 보여줘야 하는지, 정말 많은 분들이 질문합니다만, 사실 이 질문에 딱 떨어지는 답을 드리기는 어렵습니다. 사람마다 효과적인 학습 방법이 다 다르기 때문이지요. 하지만 영상물 시청이 영어 학습에 있어서 효과가 있다는 점은 분명합니다.

저는 딸아이를 엄마표 영어로 공부시켰습니다. 초등학교 2학년까지는 쉬엄쉬엄 진행하다가, 초등학교 3학년부터 6학년 1학기까지는 매일 영화한 편 보기를 원칙으로 했습니다. 이런저런 일이 있어 건너뛰는 날도 있었지만, 한 달에 최소 20편은 보도록 했습니다. 한국 TV는 일요일만 보게 하는 강수를 두었지요. 무엇보다 말문을 틔우는 데에는 영상물이 가장 효과적이라고 느꼈습니다. 현재 딸아이가 대학을 졸업하고 어학원에서 토익 강사로 활동하고 있는데, 본인도 어릴 적에 보았던 비디오 시청이 영어로 듣고 말하는 데 도움이 많이 되었다고 하더군요. 교육 현장에서도 영어로 기본적인 의사소통이 가능했던 아이들 중에는 평소에 영상물을 꾸준히 보여주었다고 한 경우가 많았습니다.

그렇다면 영어 학습을 위해 영상물을 어떻게 활용해야 할까요? 첫째, 매일 꾸준히, 오랜 기간 보게 합니다. 영어 학습이라는 것이 1~2년에 끝나는 것이 아니니 할 수 있는 만큼 오랫동안 진행하는 것이 좋습니다.

둘째, 아이의 연령과 개인적 사정을 고려해서 적절한 시간을 정해야 합니다. 보통 어린이 영화 한 편을 보려면 약 1시간 30분 정도가 걸립니다. 아직 아이가 어려서 오랜 시간 영상을 보는 것이 힘들다면 한 편에 5분에서 30분까지인 애니메이션도 많으니 상황에 맞게 보면 됩니다. 짧은 단편을 아침, 저녁 나눠서 한 편씩 보거나, 긴 영화라도 조금씩 끊어서 봐도 괜찮습니다.

셋째, 아이가 좋아하는 영상물을 찾는 데에 시간과 노력을 아끼지 마세요. 아이의 취향을 고려하지 않고 DVD를 세트로 사거나 영상을 한꺼번에 다운 받아놓으면, 본전 생각이 나서 아이를 밀어부치게 됩니다. 시리즈 영상물이라면 처음 1~2편을 아이와 미리 보고 아이의 반응을 살펴서 전체를 구하는 것이 좋습니다. 좋아하지도 않는데 억지로 보고 있으면 스트레스만 받고 당연히 학습 효과도 떨어집니다.

넷째, 같은 영상을 계속 보거나 TV 시리즈물처럼 비슷한 내용이 반복되는 영상물을 활용합니다. 학습에서 '반복'은 정말 중요한 키워드입니다. 아이가 같은 영상을 반복해서 보는 것을 싫어한다면 TV 시리즈 애니메이션을 이용해서 큰 틀 안에서라도 반복이 되도록 유도하는 것이 좋습니다.

다섯째, 한글 자막은 절대 보여주면 안 됩니다. 한글 자막을 깔아놓고 영어 영상을 보여주면 아이는 귀를 완전히 닫아버립니다. 시작부터 한글 자막은 철저하게 배제해야 합니다. 영어 자막은 있어도 좋고 없어도 좋습니다. 하지만 영화를 볼 때 영어 자막이 있다면, 아이들은 '듣기'보다는 '읽기'에 집중하게 됩니다. 이는 정확하게 내용을 파악하고 어휘를 익히는 데에는 도움이 되지만, 무슨 뜻인지 알아듣기 위해 소리에 귀를 기울이는 데에는 방해가 됩니다. 그래서 자막이 있는 경우와 없는 경우를 적절히 조합해서 보여주기 바랍니다. 예를 들어, 처음에는 무자막으로 보다가 나중에는 자막이 있는 영화로 보면 듣기와 어휘 학습 모두에 도움이 될 수 있습니다. 같은 영화를 반복해서 보는 것을 싫어하는 아이라면 어떤 영화는 무자막으로, 어떤 영화는 자막으로 보여주는 방식을 취하는 것도 좋습니다.

아이가 영상을 보다가 화장실을 가거나, 냉장고 문을 열거나, 여기저기 왔다 갔다 하더라도 불안해하지 마세요. 아이가 이렇게 왔다 갔다 하는 것은 아직 틀을 잡지 못한 초기에 일어나는 현상인데, 영어 영상을 보는 것이 '영어 공부가 아닌 즐거운 경험'으로 각인될 때까지는 기다려야 합니다. 나중에는 알아서 일시 정지를 누르게 되어 있습니다. 물론 이때 엄마가 옆에서 같이 영상을 보며 내용에 공감해준다면 더 좋겠지요?

그림책을 원작으로 한 TV 시리즈와 영화

아이들에게 널리 사랑받은 그림책 중에는 영상으로 다시 태어난 경우가 많습니다. 그림책이 원작인 영상물을 접했을 때 아이들은 책을 통해 이미 등장인물을 알고 있으며 기본 줄거리에 익숙하기 때문에 훨씬 쉽게 영상을 이해하고 즐길 수 있습니다.

그림책이 원작인 영상물을 볼 때 주의할 점은 그림책과 영상물의 수준 차이입니다. 텍스트의 난이도가 정확하게 나와 있는 그림책에 비해 영상물은 상영시간, 말의 속도 등에 따라 난이도의 차이가 크므로 주의를 기울여야 합니다. 전 세계에서 핑크돼지 열풍을 불러일으킨 〈페파 피그〉의 경우, 영상은 유아/유치 수준인데 그림책의 글밥과 난이도는 초등 2학년 수준입니다. 반대로 〈트럭타운〉 시리즈는 읽기를 시작하는 7세~초등 1학년이 스스로 읽을 수 있을 만큼 책의 내용은 짧고 쉬운 데 비해, 영상은 말의 속도도 바쁘고 표현도 다양해서 알아듣기가 쉽지 않습니다. 물론 〈호리드 헨리〉처럼 책과 영상의 난이도가 거의 비슷한 경우도 있습니다. 그래서 부모가 미리 시리즈 영상의 1편을 보고 아이 수준에 맞는지 판단해보는 것이 좋습니다.

TV 애니메이션이 아닌 영화화된 그림책의 경우에는 대체로 그 수준이 챕터북과 비슷하며, 영화의 상영시간을 고려했을 때 상당히 많은 부분이 각색되었다고 보면 됩니다. 그래서 〈슈렉〉처럼 그림책을 원작으로 영화가 만들어졌지만, 나중에 영화를 원작으로 한 챕터북이 새롭게 출간된 경우도 있지요.

    TV 애니메이션 시리즈는 유튜브나 넷플릭스 등 인터넷 상에서 무료 혹은 유료로 구해볼 수 있습니다. 참고로, 아래 추천 리스트에서 유튜브에 공식 채널이 있는 경우는 QR코드와 유튜브 주소를 함께 표기했습니다.

TV 애니메이션 시리즈

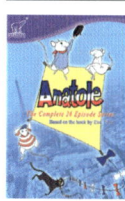

Anatole
(아나톨)
22분, 총26편, 1988~1999년,
렉사일 500L 전후, GRL N

Angelina Ballerina
(안젤리나 발레리나)
15분, 총20편, 2003년,
렉사일 500~800L

http://bitly.kr/yAdb7

Arthur
(내 친구 아서)
25분, 총239편, 1996~2005년,
렉사일 500L 전후, GRL L~M

Caillou
(까이유)
5분, 총92편, 1997~2010년,
렉사일 300L 전후, GRL K~M

http://bitly.kr/XYeew

Charlie and Lola
(찰리와 롤라)
10분, 총78편, 2005~2008년,
렉사일 500L 전후, GRL L~M

http://bitly.kr/lS1f5

Clifford The Big Red Dog
(클리포드 빨간 큰 개 빅빅)
20분, 총65편, 2000~2003년,
렉사일 400L 전후, GRL G~K

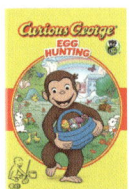
Curious George
(호기심 많은 조지)

23분, 총118편, 2007~2015년,
렉사일 500L 전후, GRL K~M

http://bitly.kr/SyVis

Daniel Tiger's Neighborhood
(다니엘 타이거)

26분, 총100편 이상, 2012년~,
렉사일 400~500L, GRL J~K

http://bitly.kr/DPsfw

Eloise
(엘로이즈)

22분, 총13편, 2006년,
렉사일 300~400L

Fancy Nancy
(멋쟁이 낸시)

23분, 총20편 이상, 2018년~,
렉사일 500L 전후, GRL J

Franklin the Turtle
(꼬마거북 프랭클린)

23분, 총78편, 1997년~2004년,
렉사일 500L 전후, GRL J~K

http://bitly.kr/iJmCs

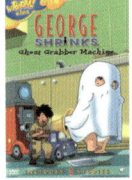
George Shrinks
(조지가 줄었어요)

30분, 총40편, 2000~2002년,
렉사일 AD480L, GRL H

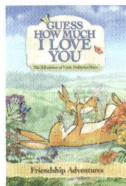
Guess How Much I Love You
(내가 아빠를 얼마나 사랑하는지 아세요?)

11분, 총78편, 2012~2015년,
렉사일 AD490L, GRL J

http://bitly.kr/WWBqQ

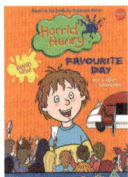
Horrid Henry
(호리드 헨리)

11분, 총208편, 2006~2010년,
렉사일 550L 전후, GRL M

http://bitly.kr/5g620

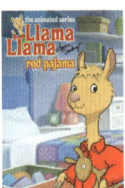
Llama Llama
(라마 라마)

23분, 총15편 이상, 2018년~,
렉사일 AD420L, GRL M

Martha Speaks
(말하는 강아지 마사)

24분, 총96편, 2010~2014년,
렉사일 540L, GRL M

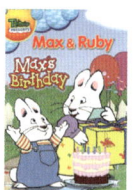 ### Max and Ruby
(맥스 앤 루비)

8분, 총100편 이상, 2002년~,
렉사일 400~500L, GRL J~K

http://bitly.kr/ZQfNG

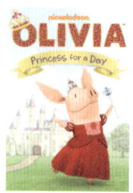 ### Olivia
(올리비아)

15~30분, 총40편,
2010~2013년, 렉사일
AD500L, GRL J~M

http://bitly.kr/7R90W

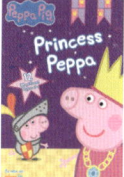 ### Peppa Pig
(페파 피그)

5분, 총250편 이상, 2004년~,
렉사일 400~500L, GRL J~K

http://bitly.kr/CTu8

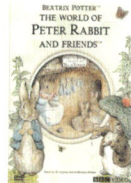 ### Peter Rabbit
(피터 래빗)

25분, 총56편, 2013~2016년,
렉사일 AD660L, GRL L

 ### The World of Peter Rabbit and Friends
(피터 래빗 이야기)

25분, 총9편, 1992~1995년,
렉사일 AD660L, GRL L

http://bitly.kr/7cSRe

 ### The Berenstain Bears
(베렌스타인 곰가족)

22분, 총52편, 1985~1986년,
렉사일 550~600L, GRL J~P

http://bitly.kr/NI9Tt

 ### Trucktown
(트럭타운)

25분, 총40편, 2014년~,
렉사일 200~300L, GRL F

영화

Alexander and the Terrible, Horrible, No Good, Very Bad Day
(난 지구 반대편 나라로 가버릴 테야)
81분, 2014년, 렉사일 AD840L, GRL M

Charlie and the Chocolate Factory
(찰리와 초콜릿 공장)
114분, 2005년, 렉사일 810L, GRL R

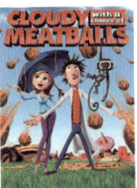

Cloudy With a Chance of Meatballs
(하늘에서 음식이 내린다면)
90분, 2009년, 렉사일 AD730L, GRL M

Cloudy With a Chance of Meatballs 2
(하늘에서 음식이 내린다면 2)
94분, 2013년

Curious George
(호기심 많은 조지)
86분, 2006년, GRL K

Diary of Wimpy Kid
(윔피 키드)
92분, 2010년, 렉사일 950L, GRL T

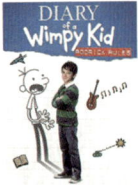

Diary of a Wimpy Kid: Rodrick Rules
(윔피 키드 2)
106분, 2011년

Diary of a Wimpy Kid: Dog Days
(윔피 키드 3)
94분, 2012년

Diary of a Wimpy Kid: The Long Haul
(윔피 키드: 가족 여행의 법칙)
91분, 2017년

Ernest & Celestine
(어네스트와 셀레스틴)
79분, 2012년

Esio Trot
(에시오 트롯: 거북아 거북아)
90분, 2015년, 렉사일 740L, GRL S

Fantastic Mr. Fox
(판타스틱 Mr. 폭스)
87분, 2009년, 렉사일 600L, GRL P

Harry Potter Series
(해리포터 시리즈)
1178분, 2001년-2011년, 렉사일 880L-950L, GRL V-Z

Horton Hears a Who!
(호튼)
86분, 2008년, 렉사일 600L

How the Grinch Stole Christmas
(그린치)
104분, 2000년, 렉사일 590L, GRL P

The Grinch
(그린치)
89분, 2018년, 렉사일 590L, GRL P

Judy Moody and the Not Bummer Summer
(주디 무디의 썸머 어드벤쳐)
91분, 2011년, 렉사일 530L, GRL M

Jumanji
(쥬만지)
104분, 1995년, 렉사일 570L, GRL M

Jumanji Welcome to the Jungle
(쥬만지: 새로운 세계)
118분, 2017년

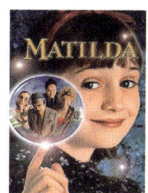
Matilda
(마틸다)
98분, 1996년, 렉사일 840L, GRL S

Paddington
(패딩턴)
95분, 2014년, 렉사일 AD650L

Paddington 2
(패딩턴 2)
104분, 2017년

Peter Rabbit
(피터 래빗)
95분, 2018년,
렉사일 AD660L, GRL L

Shrek
(슈렉)
90분 전후, 2001년, 렉사일 AD670L, GRL N

Shrek 2
(슈렉 2)
91분 전후, 2004년

Shrek Forever After
(슈렉 포에버)
93분 전후, 2010년

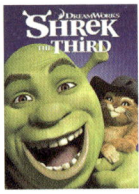
Shrek the Third
(슈렉 3)
92분 전후, 2007년

The BFG
(마이 리틀 자이언트)
117분, 2016년, 렉사일 720L, GRL U

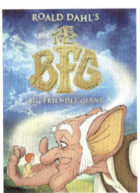
The BFG
(내 친구 꼬마 거인)
87분, 1989년, 렉사일 720L, GRL U

The Boss Baby
(보스 베이비)
97분, 2017년, 렉사일 510L

The Cat in the Hat
(더 캣)

80분, 2003년, 렉사일 430L, GRL J

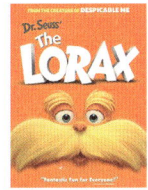
The Lorax
(로렉스)

86분, 2012년, 렉사일 560L

The Polar Express
(폴라 익스프레스)

100분, 2004년, 렉사일 520L, GRL N

Where the Wild Things Are
(괴물들이 사는 나라)

101분, 2009년, 렉사일 AD 740, GRL J

그림책 공부 상담실

Q 영어 그림책, 어디에서 구할 수 있나요?

제가 즐겨 이용하는 온라인 영어 서점은 하프프라이스북(www.halfpricebook.co.kr), 웬디북(www.wendybook.com), 북메카(www.abcbooks.co.kr), 동방북스(www.tongbangbooks.com)입니다. 하프프라이스북은 비교가 불가능할 만큼 가격이 저렴한 대신 판매되는 영어 그림책의 수가 많지 않습니다. 웬디북은 하프프라이스북을 제외하면 거의 국내 최저가 수준인데, 품절되는 경우가 잦은 편입니다.

위의 4군데 서점에서 책을 살 수 없다면 네이버 책에 들어가서 최저가 검색을 통해 책을 사는데 알라딘과 인터파크, YES24 중에 적절한 곳을 고릅니다.

오프라인 서점으로는 알라딘 중고서점을 자주 이용하기는 하지만 온라인 서점의 새 책과 거의 비슷한 금액의 가격표가 붙어 있는 경우도 많아 꼼꼼히 살피고 고르는 편입니다. 영어 원서 중고서점은 지역별로 편차가 커서 섣불리 소개하기가 힘들지만, 천안의 에보니 서점은 근처를 지나간다면 한 번쯤 들러볼 만한 곳입니다. 가격이 매우 저렴하고 다른 창고형 중고 영어 서점에 비해 깔끔한 편입니다. 다만 분류가 전혀 되어 있지 않고 낡은 책도 많아 그림책에 대해 좀 알아야 책을 고를 수 있습니다. 국내에서 구경하지 못했던 특별한 책을 발견하는 재미도 있지만, 누군가가 책을 한 번 쓸어가면 한동안은 고를 책이 없어 헛걸음하는 경우도 있습니다. 월요일은 휴무이고, 최소 3~4시간은 시간 여유를 두고 가야 찬찬히 책을 고를 수 있답니다.

리드 어라우드 단계처럼 많은 책을 읽어줘야 할 때는 아무래도 도서관을 이용하게 됩니다. 만약 도서관에 내가 원하는 책이 없다면, 다른 도서관에 있는 책을 내가 다니는 도서관으로 배달해주는 '책바다' 상호대차서비스를 신청할 수 있습니다. 도서관에 '희망 도서 신청'을 하면 도서관 심의를 거쳐 구입 및 배치가 이루어지니 이 또한 적극적으로 활용해보세요. 아래는 영어 그림책을 많이 소장하고 있는 전국의 영어 특화 도서관입니다.

꿈나래 어린이영어도서관(서울)

마포 어린이영어도서관(서울)

용두 어린이영어도서관(서울)

의왕시 글로벌도서관(의왕)

천안 청수도서관(천안)

부산 영어도서관(부산)

양산 영어도서관(양산)

Q 그림책 수상작과 미국 유수 기관의 추천도서는 꼭 읽어줘야 할까요?

영어 그림책을 선택할 때 무시할 수 없는 것이 권위 있는 기관의 수상작들과 추천도서 리스트입니다. 우선 영어 그림책을 대표하는 상으로는 어떤 것들이 있는지, 그 특징은 무엇인지 간단히 알아보겠습니다.

칼데콧상(Caldecott Medal)은 미국도서관협회(ALA)에서 매년 어린이 그림책의 그림 작가에게 수여하는 상으로 위너상(Winner)과 아너상(Honor)이 있습니다. 매년 1권의 위너상과 1~5권의 아너상이 선정됩니다. 칼데콧 위너상을 3번 수상한 작가로는 마르시아 브라운과 데이비드 위즈너가 있고, 아너상까지 포함하면 칼데콧상을 8번 수상한 모리스 샌닥과 마르시아 브라운이 최다 수상 작가입니다.

케이트그린어웨이상(Kate Greenaway Medal)은 영국도서관협회(CILIP)에서 매년 어린이 그림책의 그림 작가에게 수여하는 상으로 위너상(Winner)과 칼데콧의 아너상에 해당하는 후보작(Runner-up)이 있습니다. 이 상을 두 번 이상 수상한 작가는 총 14명인데, 이 중에는 우리나라에서 널리 알려진 앤서니 브라운, 존 버닝햄, 헬린 옥슨버리, 헬렌 쿠퍼, 에밀리 그래빗 등이 있습니다.

한스 안데르센상(Hans Christian Andersen Award)은 덴마크 작가 한스 안데르센을 기념하여 국제아동청소년도서협의회(IBBY)에서 2년마다 한 번씩, 어린이들의 문학에 지속적으로 기여한 글 작가와 그림 작가에게 수여하는 상입니다. 안데르센상은 '어린이 문학의 노벨상'이라고도 불릴 만큼 세계적으로 권위 있는 상입니다. 상이 가진 권위에 비해 우리나라에 잘 알려지지 않은 이유는 무엇보다 수상 작가들이 유럽 등 전 세계에 퍼져 있어, 영어 이외의 언어로 쓰인 작품들이 많기 때문입니다. 그리고 안데르센상은 책이 아니라 책의 작가에게 수여하는 상이기 때문에 한 권의 책이 특별히 부각되지는 않습니다.

이런 수상 작품들의 선정 기준은 '수려한 그림'이기 때문에 모든 수상 작품은 그림이 특별히 아름답습니다. 그리고 최근의 수상작들은 전래동화나 마더구스 등 배경지식을 요구하는 경우가 많고, 글과 그림 사이의 관계가 복합적이라 그림책에 대한 이해가 깊지 않으면 제대로 읽기 힘든 경우도 많습니다. 그래서 수상작이라고 무조건 사는 것보다는 찬찬히 살펴보고 활용할 자신이 있는 책을 고르는 것이 좋습니다.

권위 있는 기관의 100대 추천도서도 많이 소개되고 있습니다. 《스쿨 라이브러리 저널》은 도서관 사서들과 어린이와 청소년 관련 전문가들을 위한 출판물로 60년 이상의 역사를 가지고 있습니다. 《스쿨 라이브러리 저널》은 책뿐만 아니라 디지털 콘텐츠까지 매년 6,000건 이상의 자료를 평가하고, 학교 도서관과 교육계의 리터러시, 기술, 교육정책 등 여러 이슈에 대한 정보와 의견 등을 출간하고 있는 잡지인데, 2012년에 'SLJ's Top 100 Picture Books' 리스트를 발표했습니다.

뉴욕공립도서관은 국회도서관 다음으로 미국에서 가장 규모가 크고, 세계에서는 4번째로 큰 도서관입니다. 뉴욕공립도서관의 사서들은 2013년에 어린이와 부모를 위한 가장 뛰어난 그림책 100권을 선정하고 'New York Public Library's 100 Picture Books Everyone Should Know'라는 이름으로 발표했습니다.

이외에도《타임》지나《텔레그래프》지 등이 선정한 어린이 추천도서 목록이 유명하며, 모두 구글에서 'Top 100 Picture Books'로 검색하면 손쉽게 찾아볼 수 있습니다.

그렇다면 이 추천도서들도 우선적으로 읽어주어야 할까요? 저처럼 직업적으로 영어 그림책을 많이 읽는 사람이 아니라면, 참고용으로만 사용하라고 말하고 싶습니다. 거의 모든 추천도서 리스트에 포함된 그림책인 『Where the Wild Things Are』, 『Goodnight Moon』 등은 당연히 읽는 것이 좋습니다. 하지만 문화적 차이로 인해 이해하기 어려운 책도 많고, 설문조사에 참여한 부모 세대의 향수가 깃들어 있어 우리나라 부모들에게는 별다른 감동을 일으키지 않는 책, 미국인으로서의 자긍심을 키우는 책 등도 많으므로, 반드시 읽혀야 하는 책으로 생각할 필요는 없습니다.

부록

주제별 영어 그림책 추천 리스트

가족

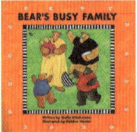
Bear's Busy Family
글 Stella Blackstone, 그림 Debbie Harter
 유치

A Bit Lost
글, 그림 Chris Haughton
 유치

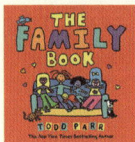
The Family Book
글, 그림 Todd Parr
 유치 초등

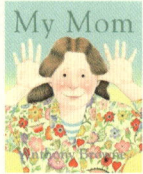
My Mom
글, 그림 Anthony Browne
 유치 초등

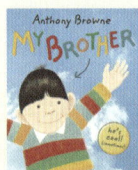
My Brother
글, 그림 Anthony Browne
 유치 초등

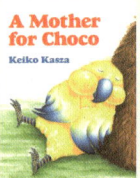
A Mother for Choco
글, 그림 Keiko Kasza
 유치 초등

Owl Babies
글 Martin Waddell, 그림 Patrick Benson
 유치 초등

Whose Mouse Are You?
글 Robert Kraus, 그림 Jose Aruego
 유치 초등

자존감

No Two Alike
글, 그림 Keith Baker
 유치 초등

It's Okay to Be Different
글, 그림 Todd Parr
 유치 초등

 **I Like Me!**
글, 그림 Nancy Carlson
유치 초등

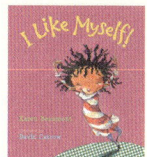 **I Like Myself!**
글 Karen Beaumont, 그림 David Catrow
초등

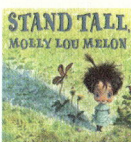 **Stand Tall, Molly Lou Melon**
글 Patty Lovell, 그림 David Catrow
초등

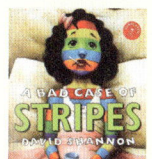 **A Bad Case of Stripes**
글, 그림 David Shannon
초등

감정

 **Blue Chameleon**
글, 그림 Emily Gravett
유치

 **Colour Me Happy**
글 Roddie Shen, 그림 Ben Cort
유치 초등

 **The Color Monster: A Pop-Up Book of Feelings**
글, 그림 Anna Llenas
유치 초등

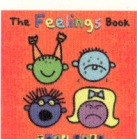 **The Feelings Book**
글, 그림 Todd Parr
유치 초등

 **How Are You Peeling?**
글 Saxton Freymann, 그림 Joost Elffers
유치 초등

 **When Sophie Gets Angry - Really, Really Angry**
글, 그림 Molly Bang
초등

부록 주제별 영어 그림책 추천 리스트 **337**

우리 몸

Counting Kisses: A Kiss & Read Book
글, 그림 Karen Katz
 유치

From Head to Toe
글, 그림 Eric Carle
 유치

Go Away, Big Green Monster!
글, 그림 Ed Emberley
 유치

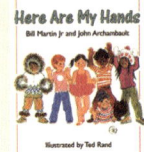
Here Are My Hands
글 Bill Martin Jr, John Archambault, 그림 Ted Rand
 유치

We've All Got Bellybuttons!
글, 그림 David Martin
유치

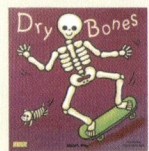
Dry Bones
글, 그림 Kate Edmunds
 유치 초등

Who is the Beast?
글, 그림 Keith Baker
 유치 초등

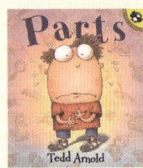
Parts
글, 그림 Tedd Arnold
 초등

Dr. Dog
글, 그림 Babette Cole
 초등

농장의 동물들

 **Moo, Baa, La La La!**
글, 그림 Sandra Boynton

 유치

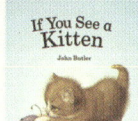 **If you see a kitten**
글, 그림 John Butler

 유치

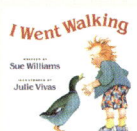 **I Went Walking**
글, 그림 Sue Williams

 유치

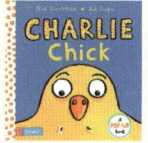 **Charlie Chick**
글 Nick Denchfield, 그림 Ant Parker

 유치

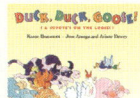 **Duck, Duck, Goose! A Coyote's On The Loose**
글 Karen Beaumont, 그림 Jose Aruego

 유치

 **Mrs. Wishy Washy**
글, 그림 Joy Cowley

 유치 초등

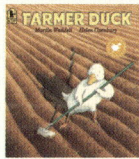 **Farmer Duck**
글 Martin Waddell, 그림 Helen Oxenbury

 유치 초등

 **Duck on a Bike**
글, 그림 David Shannon

 유치 초등

 **Click Clack Moo, Cows that Type**
글, 그림 Doreen Cronin

 초등

 **Duck & Goose**
글, 그림 Tad Hills

 초등

동물원

Color Zoo
글, 그림 Lois Ehlert
 유치

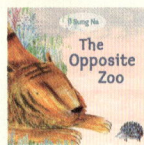
The Opposite Zoo
글, 그림 Il Sung Na
 유치

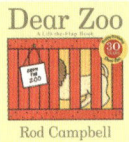
Dear Zoo
글, 그림 Rod Campbell
 유치

Bruno Munari's Zoo
글, 그림 Bruno Munari
 유치 초등

The Mixed-Up Chameleon
글, 그림 Eric Carle
 유치 초등

Giraffes Can't Dance
글 Giles Andreae, 그림 Guy Parker-Rees
 유치 초등

If I Ran the Zoo
글, 그림 Dr. Seuss
 초등

A Sick Day for Amos McGee
글 Philip C. Stead, 그림 Erin E. Stead
 초등

My Heart Is Like a Zoo
글, 그림 Michael Hall
 초등

바닷속 생물

Hooray for fish!
글, 그림 Lucy Cousins

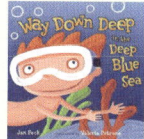
Way Down Deep in the Deep Blue Sea
글 Jan Peck, 그림 Valeria Petrone

I'm a Shark
글, 그림 Bob Shea

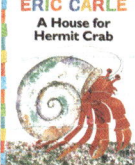
A House for Hermit Crab
글, 그림 Eric Carle

The Rainbow Fish
글 Marcus Pfister, 그림 J. Alison James

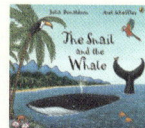
The Snail and the Whale
글 Julia Donaldson, 그림 Axel Scheffler

곤충

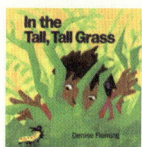
In the Tall, Tall Grass
글, 그림 Denise Fleming

Bugs! Bugs! Bugs!
글, 그림 Bob Barner

The Very Hungry Caterpillar
글, 그림 Eric Carle

The Very Busy Spider
글, 그림 Eric Carle

	The Very Quiet Cricket 글, 그림 Eric Carle 		The Very Grouchy Ladybug 글, 그림 Eric Carle
	The Very Lonely Firefly 글, 그림 Eric Carle 		

강아지

	Dogs 글, 그림 Emily Gravett 		Spot 시리즈 글, 그림 Eric Hill
	A cat and a dog 글 Claire Masurel, 그림 Bob Kolar 		Clifford series 글, 그림 Norman Bridwell
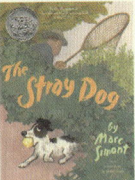	The Stray Dog 글, 그림 Marc Simont 		Harry the Dirty Dog 글 Gene Zion, 그림 Margaret Bloy Graham

고양이

Cat the Cat 시리즈
글, 그림 Mo Willems
 유치

Have You Seen My Cat?
글, 그림 Eric Carle
 유치

Kitten's First Full Moon
글, 그림 Kevin Henkes
 유치 초등

Splat the Cat 시리즈
글, 그림 Rob Scotton
 초등

Bad Kitty 시리즈
글, 그림 Nick Bruel
 초등

Chester
글, 그림 Mélanie Watt
 초등

장난감

Blankie
글, 그림 Leslie Patricelli
 유치

Kiki's Blankie
글, 그림 Janie Bynum
 유치

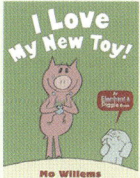
I Love My New Toy!
글, 그림 Mo Willems
 유치 초등

Where's My Teddy?
글, 그림 Jez Alborough
 유치 초등

Knuffle Bunny
글, 그림 Mo Willems

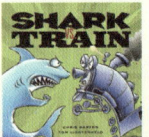
Shark vs. Train
글 Chris Barton, 그림 Tom Lichtenheld

Corduroy
글, 그림 Don Freeman
초등

The Velveteen Rabbit
글 Margery Williams, 그림 William Nicholson
초등

 계 절

Because of an Acorn
글 Lola M. Schaefer, Adam Schaefer, 그림 Frann Preston-Gannon

Snow Rabbit, Spring Rabbit: A Book of Changing Seasons
글, 그림 Il Sung Na

Spring is Here
글, 그림 Taro Gomi

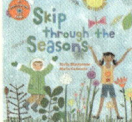
Skip Through the Seasons
글 Stella Blackstone, 그림 Maria Carluccio

When Spring Comes
글 Kevin Henkes, 그림 Laura Dronzek

Wake Me In Spring!
글 James Preller, 그림 Jeffrey Scherer

 **Charlie Needs a Cloak**
글, 그림 Tomie dePaola

유치 초등

 **The Rabbit Problem**
글, 그림 Emily Gravett

유치 초등

 **Frog and Toad All Year**
글, 그림 Arnold Lobel

초등

시간과 요일

 **Today is Monday**
글, 그림 Eric Carle

유치

 **Jasper's Beanstalk**
글, 그림 Nick Butterworth

유치

 **What's the Time, Mr. Wolf?**
글, 그림 Annie Kubler

유치

 **Seven Blind Mice**
글, 그림 Ed Young

초등

날씨

 **Rain**
글 Robert Kalan, 그림 Donald Crew

유치

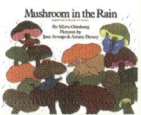 **Mushroom in the Rain**
글 Mirra Ginsburg, 그림 Jose Aruego, Ariane Dewey

유치

 **The Wind Blew**
글, 그림 Pat Hutchins

유치 초등

 **Little Cloud**
글, 그림 Eric Carle

유치 초등

 **The Snowy Day**
글, 그림 Ezra Jack Keats

유치 초등

 **The Snowman**
글, 그림 Raymond Briggs

유치 초등

 **Snow**
글, 그림 Uri Shulevitz

유치 초등

 **Snowballs**
글, 그림 Lois Ehlert

유치 초등

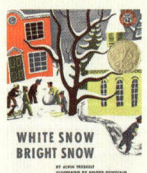 **White Snow, Bright Snow**
글 Alvin Tresselt, 그림 Roger Duvoisin

초등

 **Owl Moon**
글 Jane Yolen, 그림 John Schoenherr

초등

 **The Cloud Book**
글, 그림 Tomie dePaola

초등

 **Come On, Rain!**
글 Karen Hesse, 그림 Jon J. Muth

초등

교통기관

Down by the Station
글, 그림 Jess Stockham

 유치

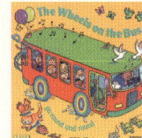

The Wheels on the Bus
글, 그림 Annie Kubler

 유치

Freight Train
글, 그림 Donald Crews

 유치

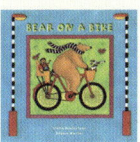

Bear on a Bike
글 Stella Blackstone, 그림 Debbie Harter

 유치

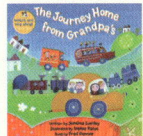

The Journey Home From Grandpa's
글 Jemima Lumley, 그림 Sophie Fatus

 유치 초등

We All Go Traveling By
글 Sheena Roberts, 그림 Siobhan Bell

 유치 초등

옷

Mary Wore Her Red Dress
글, 그림 Merle Peek

 유치

Washing Line
글, 그림 Jez Alborough

 유치

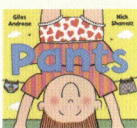

Pants
글 Giles Andreae, 그림 Nick Sharratt

  유치 초등

Joseph Had a Little Overcoat
글, 그림 Simms Taback

 유치 초등

Something from Nothing
글, 그림 Phoebe Gilman

Animals Should Definitely Not Wear Clothing
글 Judi Barrett, 그림 Ron Barrett

Naked Mole Rat Gets Dressed
글, 그림 Mo Willems

Little Mouse Gets Ready
글, 그림 Jeff Smith

세계 여러 나라

Whoever You Are
글 Mem Fox, 그림 Leslie Staub

My Cat Likes to Hide in Boxes
글 Eve Sutton, 그림 Lynley Dodd

There Is a Tribe of Kids
글, 그림 Lane Smith

How to Make an Apple Pie and See the World
글, 그림 Marjorie Priceman

우 주

Stars! Stars! Stars!
글, 그림 Bob Barner

Papa, Please Get the Moon for Me
글, 그림 Eric Carle

Here We Are
글, 그림 Oliver Jeffers

전래동화

Goldilocks and the Three Dinosaurs
글, 그림 Mo Willems

Goldilocks and Just One Bear
글, 그림 Leigh Hodgkinson

The Three Pigs
글, 그림 David Wiesner

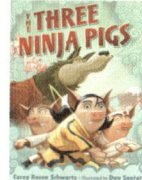
The Three Ninja Pigs
글 Corey Rosen Schwartz, 그림 Dan Santat

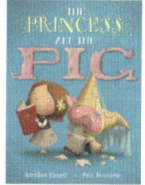
The Princess and the Pig
글 Jonathan Emmett, 그림 Poly Bernatene

Into the Forest
글, 그림 Anthony Browne

Prince Cinders
글, 그림 Babette Cole

The True Story of the 3 Little Pigs
글 Jon Scieszka, 그림 Lane Smith

부록 주제별 영어 그림책 추천 리스트 **349**

The Paper Bag Princess
글 Robert Munsch, 그림 Michael Matchenko

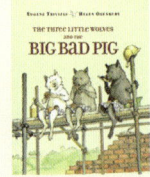

The Three Little Wolves and the Big Bad Pig
글 Eugene Trivizas, 그림 Helen Oxenbury

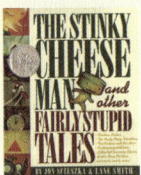

The Stinky Cheese Man and Other Fairly Stupid Tales
글 Jon Scieszka, 그림 Lane Smith

Cinder Edna
글 Ellen Jackson, 그림 Kevin O'Malley

Mufaro's Beautiful Daughters: An African Tale
글, 그림 John Steptoe

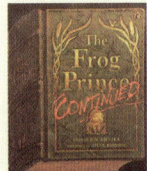

The Frog Prince, Continued
글 Jon Scieszka, 그림 Steve Johnson

Revolting Rhymes
글, 그림 Roald Dahl

말놀이

One Boy
글, 그림 Laura Vaccaro Seeger

Don't Forget the Bacon!
글, 그림 Pat Hutchins

 **Spells**
글, 그림 Emily Gravett

유치 초등

 **I Scream Ice Cream! A Book of Wordles**
글 Amy Krouse Rosenthal, 그림 Serge Bloch

유치 초등

 **Exclamation Mark**
글 Amy Krouse Rosenthal, 그림 Tom Lichtenheld

유치 초등

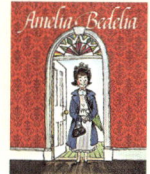 **Amelia Bedelia**
글 Peggy Parish, 그림 Fritz Siebel

초등

 **This Plus That: Life's Little Equations**
글 Amy Krouse Rosenthal, 그림 Jen Corace

초등

 **CDB!**
글, 그림 William Steig

초등

 **Take Away the A**
글 Michaël Escoffier, 그림 Kris Di Giacomo

초등

 **The Boy Who Loved Words**
글 Roni Schotter, 그림 Giselle Potter

초등

부록 주제별 영어 그림책 추천 리스트   351

혼자서 원서 읽기가 되는
영어 그림책 공부법
ⓒ 정정혜 2019

1판 1쇄	2019년 5월 1일
1판 8쇄	2021년 11월 23일
지은이	정정혜
펴낸이	김정순
책임편집	오세은
디자인	김수진
마케팅	이보민 양혜림 이다영
펴낸곳	(주)북하우스 퍼블리셔스
출판등록	1997년 9월 23일 제406-2003-055호
주소	04043 서울시 마포구 양화로 12길 16-9(서교동 북앤빌딩)
전자우편	editor@bookhouse.co.kr
홈페이지	www.bookhouse.co.kr
전화번호	02-3144-3123
팩스	02-3144-3121
ISBN	979-11-6405-017-8 13590